猴 面 包 树

HARCÈLEMENT

LE GUIDE PRATIQUE POUR AIDER

NOS ENFANTS À S'EN SORTIR

破解欺凌的游戏

SCOLAIRE

PHILIPPE AÏM

[法] 菲利普·阿伊姆 著　郑园园 译

浙江教育出版社·杭州

献给
我的孩子们

◆━●━◆

特别是塞缪尔 (Samuel)
他是我新想法的第一个试验者，
在每天早晨上学的路上。

◆━●━◆

献给
所有孩子

◆━●━◆

他们将学习如何面对自己的处境，
用游戏的态度成为赢家，走出困境。

你可以用话语攻击我，

你可以用眼神伤害我，

你可以用仇恨"杀死"我，

但我仍会，如同空气一般，升起……

玛雅·安吉罗[①](Maya Angelou)

---

① 美国作家、诗人、编剧、导演。——译者注

目 ● 录

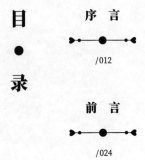
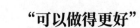

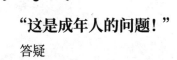

序

言

看到菲利普·阿伊姆博士撰写的这本书，我感到极其欣慰，本书的灵感来自我在反欺凌方面的工作。[1]我一个人做不了太多的事，但有他人传播我的想法或我运用的技巧，我的影响力就倍增了。

我希望这本书广受好评，让更多受害者得到他们迫切需要的帮助。

为普遍的欺凌和攻击现象提供有效的"解毒剂"，做这件事比我所预期的要付出更多努力。我没有想到，我所面对的将是历史上涉及人群最广的心理和社会运动之一。

1972年，我在大学学习了两年的电气工程后，接触了心理学，因此决定成为一名帮助人们解决情绪问题的心理治疗师，而不是用数学方程式工作的人。于是，我换了专业，于1978年获得临床心理学硕士学位。

毕业后我需要一份工作，朋友建议我去学校找一找。事实证明，那是我练习临床技能的理想场所。几年前，我读到阿尔伯特·埃利斯（Albert Ellis, 认知行为疗法的先驱）的著作，他说："我认为心理治疗和心理学的未来在学校。"我完全同意。在学校这个环境中，我们可以帮助数量庞大的群体。

学生抱怨最多的就是被同学欺负。那时我就发现，可以使用角色扮演的游戏教学生们不再被其他人欺凌，教学校工作人员如何巩固学生们所取得的成果。游戏的效果非常好。我也发现，同样的方法可以帮助老师、学校工作人员、学生家长处理工作中和家庭中的人际关系。

从20世纪70年代末期开始，我帮助许多人、许多学校去面对欺凌问题，但更广泛的实践是从20多年前才开始的。我在本书中提到了1999年4月20日发生的可怕的"科伦拜恩（Columbine）校园枪击案"：两个学生自称是欺凌受害者，选择在臭名昭著的纳粹头子希特勒生日当天摧毁学校，对他们口中"曾生活过的地狱"实施报复。正如其他因此而觉醒并投入反欺凌运动的专业人士一样，这个事件也是启发我的契机。

在"科伦拜恩事件"之前，已经发生过好几起校园枪击案。研究人员指出，就像青少年自杀事件一样，大部分枪击案都是欺凌受害者所为。"科伦拜恩事件"就像是压垮骆驼的最后一根稻草，社会终于受够了欺凌带来的破坏，媒体也在持续讨论"科伦拜恩事件"以及消除欺凌现象的必要性。

由于过去20年我帮助学校和学生的工作还算有成效，所以我知道这个时候需要我贡献自己的力量。我不觉得自己所做的有任何特别之处，因为我只是使用了最基本的规则。那些规则都是我在大学时期学的，或在书里读到的心理学和心理治疗原理，结合了大众智慧（例如口号"棍子和石头"）、哲学或宗教体系的主要原则。几千年来，这些原则已经成为普世智慧，很容易呈现出来，必要时也能够通过角色扮演习得，并在现实生活中得以体验。所以，我以为大多数心理治疗专业人士都使用这些原则去解决欺凌问题。

但很快地，我就发现自己的"以为"错了。

当时，研究欺凌问题的心理学派还鲜为人知，那是20世纪70年代由挪威研究员、教授丹·奥尔维斯（Dan Olweus）建立和发展起来的。当"科伦拜恩事件"把欺凌变成一件全球性紧急事件时，以奥尔维斯研究理念为基础的心理学派声称拥有解决校园欺凌的方案。

然而，当我仔细阅读他们提出的建议时，我感到非常震惊。

这些建议跟我所学的心理学理论和哲学理论都相悖，也与我在现实生活中看到的有效做法相反。

该方法没有帮助孩子理解欺凌问题，也不是解决这些问题的心理学路径，而是司法领域的做法，把欺凌当作犯罪，为了保护孩子不被欺负而逮捕、惩罚肇事者，甚至将肇事者判刑。方法中推荐使用的干预措施甚至加剧了欺凌现象（尤其加剧关系的复杂化[2]）。

虽然该方法的目的是减少欺凌，但实际上却直接或间接地让被欺凌者失去信心、感觉自己很弱小。这个方法释放的信息是："欺凌者太强大，你无法独自处理情况""我们的态度决定不了什么""必须立刻告知学校负责人""保护我们免受欺凌的关键就是旁观者的态度""语言带给我们的伤害无法修复"……

孩子内化这些信息后，面对欺凌就显得更脆

弱。虽然我相信这个方法本来的目的不是让问题变得更棘手，但的确释放了这样的信息。

至于这个系统中的专业人士，他们的任务不再是引导孩子获得独立，帮助他们获得面对困难的能力，而是成为义务警察，避免任何人成为受害者。

尽管这个方法的目标似乎很符合道德标准，很崇高，但在我看来，这样的反欺凌运动[3]措施弊大于利。因此，我开始在自己的文章中和学术研讨会上公开告诫大家不要这么做。不幸的是，随着时间的推移，我所有的预测都成真了。不仅是我预料到了反欺凌运动的失败，也有研究证实了这一点。[4]

然而，研究者却在继续推进这个项目，捍卫这些原则，展现利于这套方法推行的成果。在科学文献中，只有极少的文章公开批评这种方法。

原因可能是相当普遍的人类偏见。

自然科学的成功改变了我们的生活，社会科学也从自身研究以及所有其他学科的研究中获益匪浅。当然，在研究中保持绝对的客观是不可能的，研究者的期待和假设都可能影响对结果的判断。

我们很难歪曲物理测量的结果，但影响人类行为的因素如此之多，以至于理解我们观察到的内容或解释某个结果的含义并不总是那么容易。而且，我们也很难设计出结果不那么模棱两可、易于重现且代表客观事实的实验。还有，公正地看待人类这个物种非常困难，因为我们对人的天性、行为的意义有很多固执且矛盾的想法。

因此，令人遗憾的是，社会科学以这些"研究者偏差"而闻名，研究者的诠释、偏向的理论都影响了他们对结果的理解。

可能没有任何一个课题能像欺凌问题这样容易被偏见影响。我们称为欺凌者的这些人[5]，根据定义，就是作恶多端、令人无法容忍的人，他们被描述成幸灾乐祸的反社会者，他们攻击弱者和我们这样的受害者；对于他们，我们几乎不可能客观地思考，理解各种攻击者之间的细微差别。

此外，也不要低估财务方面的支出。因为事关儿童的安全，政府花费大量资金制订计划，资助研究。在不少国家，打击欺凌行为已经成为一个利润丰厚的巨大产业，人们有充分的理由以积极的方式展现自己的成果。

在奥尔维斯提出需要立法打击欺凌行为的观点之后，研究人员施压成功，法律强迫学校采用他们对于欺凌的定义，推行他们的计划，尽管我们知道即使在最好的情况下这个计划也会收效甚微。[6]

极具讽刺意味的是，这些法律要求学校做到一线研究人员没有做到的事情——构建不存在欺凌的环境。如果学校不能阻止孩子被欺凌，家长可以起诉学校! 在美国，我们每周都能在新闻上听到某某学校因为未阻止儿童成为受害者而被起诉，甚至还有某某学校因为未阻止被欺凌的受害儿童自杀而被起诉。

还有一些研究人员为了进一步巩固自己在反欺凌运动中的领导地位，甚至传播这样的观点：引导受害者自己解决关系中的问题是非常危险的——而我认为，受害者自己解决关系问题是心理学的基本方法。

请注意，我的意思绝对不是说"奥尔维斯研究者"们居心叵测，故意误导公众。当然不是。他们倡导反欺凌运动，因为他们真的相信这么做有效。他们关心孩子和学校，努力不让孩子遭受欺凌。这样的想法是如此高尚，如此具有道德高度，以至于他们几乎想不到自己推行的方法可能有问题。他们总认为收效甚微是因为计划没有被完整地执行或执行的方式不正确，抑或有其他因素，例如学生族群的构成、人们从未思考计划本身可能是问题的一部分等。

或许有人会问：既然这个计划明显行不通，为什么大众还会继续支持他们的反欺凌运动？因为我们中的大多数人都知道被人欺负是什么滋味；我们天生对受害者充满同情，讨厌欺凌者。[7]在这里，我们终于形成一种得到科学家认可的哲学思想，即我们有权利被人善待。如果我们被其他人欺凌，我们要做的不是让他们好好地对待我们，而是通知权力机构，后者就会替我们解决问题。

尽管"不受侵犯的权利"听起来是荒唐的幻想，不可能实现，但我们还是非常喜欢这个想法。尽管所有依赖这种权利的人都注定过得不幸，人际关系会一塌糊涂，但没有人愿意放弃这个权利。

甚至有许多重要的心理学家和政治思想家一方面反对在社会层面制造受害者心态，但另一方面却支持"反欺凌运动"，他们觉得开展这个运动非常正确。

我们当中很少有人意识到这一点，奥尔维斯已经成为历史上最有影响力的心理学家，尽管大多数人都不知道他的名字。还有哪个心理学家的想法和建议被立法吗？弗洛伊德、荣格、阿德勒、斯金纳、埃利斯、贝克……？没有。世界上有许多人都因为反欺凌的法律而必须执行奥尔维斯的方法。

然而，风向正在改变，地基不好的建筑不可能屹立不倒。经过20年，反欺凌运动失败，人们开始接受其他策略。[8]

我推行的以受害者为中心的心理教育方法，正在慢慢被人众接受，虽然普及进程缓慢，但将来肯定会有更多人知道。多亏了我的学生们的帮助。此外，美国一位杰出的年轻演讲者布鲁克斯·吉布斯（Brooks Gibbs）把他在舞台表演、教学和制作方面的技能和经验介绍给了全世界数百万人。

现在，一位才华横溢的精神科专家、聪明的哲学家菲利普·阿伊姆，正在把这个系统完整地呈现在读者面前。我要特别称赞他，因为逆流而上需要勇气，或需要天真——如果我们没有意识到前方阻力的话。

他非常有洞察力，他明白在教育界或心理学界，一般都接受目前流行的惯用方法，凡事诉诸法律的方法并不符合我们教给心理健康领域专业人员的基本原则，而另一种符合心理学原则、强调处理关系的方法则更有意义。

当他知道了我所倡导的"相反"方法时——实际上，这个方法来自心理学和心理治疗，他立刻全身心投入其中，使用这个方法帮助他的病人。很快地，他就把所使用的方法以他的方式传递给其他心理健康领域和教育领域的专业人员。他的研讨会受到热烈欢迎，这足以证明阿伊姆博士作为教师的素质，也证明他拥有渊博的知识和很强的能力。

而且，在这么短的时间内他就写出了这本书，深入地探讨欺凌问题，并把自己的心理学和哲学观点融入其中。我希望本书能够获得应有的成功，让受害者得到他们迫切需要的帮助。

我也希望本书能引起教育工作者和行政人员的

注意。

他们定能高兴地发现本书解开了一个谜团：为什么他们制止欺凌的干预措施经常失败？本书能让他们发现一种方法：教育孩子不要成为受害者，不需要其他人就能保护自己并为自己而战，这样做就能让学校变得更安全。使用这个方法，我们可以花更少的时间和精力帮助更多的学生。

父母也应该拥抱这本书，但他们必须放弃别人应该为他们解决孩子问题的想法。试想，如果能够教孩子自己解决问题，不仅是现在的问题，也是未来的问题，还有哪个理智的父母宁愿让孩子依赖他人的保护去解决人际关系的问题呢？

我衷心祝贺菲利普·阿伊姆，他捍卫了符合科学逻辑和心理学原理的方法，有助于阻止欺凌的蔓延，为创建一个更加和谐的世界做出了自己的贡献。

愿他的作品成为读者的灵感来源！

伊齐·卡尔曼[①]（Izzy Kalman）

---

① 美国校园心理学家、社会学家、反欺凌行为专家。——译者注

前

言

"孩子你是独自一人吗？我知道你是。你来自社会底层，还是高档社区？说到底，所有人都有同样的痛苦……"

——奥克斯莫·普奇诺[1]（Oxmo Puccino）

面对一个孩子的痛苦，我内心感触良多。然而，我们仍然很难想象被同学欺凌的孩子——被重复攻击的受害者——所承受的痛苦有多么强烈！我们很难想象他们所遭受的暴力以及被伤害的程度，有时在事件发生几天之后，他们仍感到抑郁、焦虑、无助！我们很难想象他们的父母是多么痛苦和愤怒，他们对孩子的痛苦感同身受，尝试不同的解决方案，这些方案却带来各种复杂的后果，有时让他们自己都觉得泄气。

至于我的心理治疗师同事们，他们觉得来访者——患有焦虑症或"学校恐惧症"，甚至有自残行为或饮食障碍的青少年——部分（有时全部）发病通常是因为遭受了校园欺凌。那么，如果他们没有被欺凌过，是否就不会出现那些症状？可以确定的是，学校和社会通常采用的心理策略

① 马里裔法国籍说唱歌手。——译者注

和实际措施，能取得的成效非常有限。即使没有发生真正的欺凌，孩子们也并不总是知道该如何应对课间在操场上发生的挑衅事件。

面对这个问题，我们能做什么？这是校园生活的核心问题，也是人类社会的核心问题，因为当我询问我的成年来访者——不管他们是不是因为这个问题来就医，还有我身边的成年人的时候，我意识到，几乎所有人都在学校被同学欺负过，只是严重程度不同，有轻有重。此外，这些冲突最容易发生在初中阶段。

做个测试就知道了，几乎没有人从未被取过绰号、被辱骂、被排挤，甚至被羞辱、嘲笑吧？在那个年代，人们不用"欺凌"这个词，形式跟今天也不尽相同，但这个现象本身似乎很普遍且跨越了时代。

大多数人可以从这些经历中走出来，同时一些人保留着痛苦的回忆，另一些人则因此在生命中留下了永久的伤疤，甚至是真正的创伤，但很少有人（甚至那些完全没有经历过欺凌的人）知道如何昂首挺胸、坦然地面对欺凌，或者用什么方法去应对。

在职场中、家庭里，无论何处，我们都可以看到同样的"欺凌"现象：痛苦、被支配或被排挤的感觉，这些有时会导致抑郁、职业倦怠甚至自杀。

悲剧接二连三地发生，这个问题越来越多地出现在心理治疗领域，同时我们也听到很多关于这个主题的讨论，在政治言论中、在新闻媒体中，等等。

欺凌，就是重复发生、具有伤害性的小攻击，危害身心健康。小，是因为攻击行为通常并未构成犯罪；重复发生，是因为施害者和受害者之间形成了不良的关系，这样的关系氛围笼罩着受害者，让他的心理变得非常脆弱。

● 因为被人看不起，也因为自己很软弱、没有被保护而感到悲伤。

● 对那些伤害我们的人、没有保护我们的人，甚至自己乃至全世界的人感到愤怒。

● 害怕攻击者所说的是真的，他会再一次欺负自己，最糟糕的是，攻击行为永远不会结束。

● 想到要回学校就感到丢脸。

在我们与这些孩子感同身受之后，需要找到帮助他们的方法。如今，与校园欺凌做斗争已经成了一项"伟大事业"。20年前，我们完全不讨论这件事，而这个词几乎从未被使用过。但今天，媒体做节目，政府采取特别行动、许下承诺、推行各种措施，许多相关书籍被出版，以及"反欺凌日"的出现，让我们深入了解这些从未停止发生的事。这么多年来，国际社会形成了一场大规模的"反欺凌运动"，这场运动的形式在全球范围内几乎都是一致的，我们都试着去保护孩子……只是，我们失败了！

然而，这场运动让我们比以前更清晰地看到被欺凌者的痛苦，公众越来越容易识别出欺凌行为。各级政府、学校都对此非常敏感，处于警备状态。只是，欺凌行为并未大幅下降。国际校园暴力观察组织 (International Observatory on Violence in Schools) 几年来公布的数字始终没有变化，甚至略有增加。[1]整个西方社会，情况大致相同，这越来越让人担心。据统计，在法国，有70万名儿童遭受过欺凌，这个数字触目惊心。

听一听父母、老师、机构 (包括学校和司法机构) 工作人员的心声，就能知道他们非常无助。我们从未像今天这样多地谈论这个话题，但欺凌的范围和影响正如我们的无力感一样，仍在扩大。

这其中当然有放大镜效应：越多的受害者敢于说出口，我们就越能看清这种现象。还有一种印象是，我们越是反对这种现象，这种现象就越多。在美国，一些研究呈现了这种悖论。

那么，受害者表达出来了，我们应该感到高兴并满足于此吗？我们是否只能庆幸受害者的发声，越来越多的让人更了解欺凌，庆幸感受到了以前一直被忽视而现在却大白于天下的痛苦？

尤其是，现有的解决方案似乎很令人失望，许多受害者都觉得这些方案对他们的帮助不大，他们仍然觉得痛苦。

面对欺凌，我们采取的措施、我们处理问题的方式是否有可能毫无用处，甚至适得其反？它们或许妨碍了我们想出更有效的方法？

如何有效地帮助那些被欺负的孩子？让他们不仅说出"我很痛苦""把我带离这样的处境"这样的话，还会说出"帮助我，让我知道该怎么脱离这样的处境"这样的话。

那么，能否让他们自己拥有化解冲突、应对攻击的能力？能否让他们赢得尊重，同时无须因此变得攻击性很强？我们是否可以用一种简单、方便、可持续的方式让他们变得足够强大、不再承受痛苦？

好消息：答案是肯定的！

通过研究和阅读，我接触到美国校园心理学家伊齐·卡尔曼和他的几个追随者的观点，他们的方法好极了！有趣、简单、有效，这与多年来激励我进行心理治疗的原则是一致的：帮助人们快速、持续地从自己的内心找到资源，尤其是找回自主能力，以使他们不再需要我！伊齐·卡尔曼的方法完美地契合了我的理念：根据孩子的才能迅速地提供帮助，让他们的心理更有韧性，获得独自面对冲突的社交能力，变得更强大、更自信，最终脱离被欺凌的困境。我很开心能在这个方面推荐给孩子们一些学习的内容。学习是他们最擅长的事情，尤其是通过游戏，这是他们最喜欢的、最自然的学习活动。尽管最初孩子是带着痛苦来跟我见面的，但我们经常在欢笑中结束谈话。谁能想到是这样的呢？

但这个方法在法国的普及率非常低，至少据我所知是如此。所以，我和我的同事们充满热情地改进了治疗方法，并把我们曾经的困惑说了出来。在确认了卡尔曼的观点之后，我已经按照我们的语言习惯和思维模式对其进行调整，并加入心理学和心理治疗等元素，将其整合成一套方法。

我把这套方法教给许多专业心理医生，他们使用后成功地帮助了数百个孩子。现在，我希望通过本书将此方法传递给父母和老师，以及其他帮助孩子的人。

本书的观念来自心理学和心理治疗的理念，旨在教给人们更多的技能，让他们更有韧劲，更多地与自身的资源联结，拥有更多的自由。对于孩子们所受的痛苦，我是无限敏感的，对于他们所拥有的力量、学习和改变的能力我抱有无限的信心。在实践中，我们每天都能证实人类潜在的能力比表面上看起来的要强得多。你或许希望，即使孩子没有被欺凌，也能够以有趣的方式学会面对和阻止他人的欺凌行为、处理困难的关系，尤其是知道如何避免此类事情发生，并且有能力建立更平和的关系。你也有可能用到这些方法（当然，希望你用不到）。

而我，我自己真心希望能够更早知道这些方法！

现在这些工具确实存在，学校教学的一部分难道不应该是教学生如何使用它们吗？

但愿这本书能够帮助更多的孩子以及曾经被欺凌的孩子！

第一章

"可以做得更好"
为什么要改变方法

"没有疑惑的人，没有任何一条道路是错误的。"

艾尔别兹塔·维奥莱[①]

（Elzbieta Violet）

---

① 波兰裔法国籍插画家、儿童文学作家。——译者注

让我们直接进入主题。现在有许多反校园欺凌的方法，以下为三种常见的方法：

改变学校教学，创建不再有欺凌的学校环境；

改变欺凌者，让他停止欺凌行为；

改变被欺凌者，让他学会自我保护，进行反击。

这些方法都有好的一面，但也都有缺点和限制，结果有时会适得其反。

改变学校教学

"当你无法理解问题，并且没有解决方案的时候，你会用意识形态来解决问题。"

——乔丹·B. 彼得森[①]（Jordan B. Peterson）

奥尔维斯和他的追随者

20多年前，在美国科伦拜恩高中发生了一起可怕的枪击事件。那天，两名高中生带着武器进入学

---

① 加拿大临床心理医生、多伦多大学心理学荣誉教授。——译者注

校，致13人死亡，24人受伤，数百名在校师生惊恐万分。最后两名枪手在图书馆自杀。这起枪击案轰动全美。

谁该为此负责？是有些人所说的枪支管理政策吗，还是另一些人所谓的"年轻人的文化"？因为他们是暴力电子游戏和玛丽莲·曼森[1](Marilyn Manson)迷，又或者如这两名青少年凶手在遗书中所说，作为欺凌受害者，他们要为自己所受的痛苦讨回公道？

年纪小的杀人凶手或自杀者经常提到自己曾是某些重复性暴力行为的受害者。既然欺凌让人丧失生命，那我们必须做些什么。美国的校园心理学工作者和教育工作者感到一阵恐慌，他们在慌乱中看到了北欧研究者在这个领域鲜为人知的研究工作，尤其是其中一位瑞典裔挪威籍研究者丹·奥尔维斯(Dan Olweus)。这些年来，他们一直关注奥尔维斯所研究的校园欺凌主题。这就是"反欺凌运动"的开始。20年后的今天，美国大多数反欺凌计划都受到奥尔维斯的启发，他在全球范围内被当作参照坐标。[1]

---

[1] 美国工业金属乐队成员，艺名取自玛丽莲·梦露和杀人犯曼森，其作品具有极大的争议。——译者注

奥尔维斯方法的基本原则是从人权概念出发，认为每个人都有权在学校享受安宁。[2]想法非常美好，但如果在学校的安宁是一种权利，那么正如其他所有权利一样，它必须由赋予这种权利的人来提供保障！因此，学校就应该保护学生。奥尔维斯希望学校能够有所改变，由预防委员会发布规则，不断通过会议、问卷调查去提醒学生了解这些规则，教导他们欺凌对于受害者来说会产生多么负面的影响，"监督所有学生的活动"，并"立即进行干预"以保护受害者、惩罚施暴者并请父母介入，等等。受害者被邀请发声，向学校工作人员报告；证人要作证，否则会被视为同谋；而欺凌者则有可能被教训、被制裁、被停学。

直白地说，奥尔维斯方法没有留任何空间让孩子们自己去解决问题，坚决不让受害的孩子自己承担起摆脱困境的责任，即成年人必须采取专制、说教的立场。奥尔维斯方法花费极高[3]，耗时也长（一般需要两年才能构建好系统），学校通常需要在教学上有很大的自主权，人员的投入也非常大。这样的条件，在法国的学校并不多见。然而，它的原则在西方留下了印迹并催生了一种似乎合法的解决方法。

法兰西共和国的法律

1999年，奥尔维斯的书被引进法国并出版。英语中的"school bullying"译作法语有些难度，当时我们选择了"harcèlement scolaire"(校园欺凌)这个词。这些现象在法律层面变得清晰起来，根据法律定义，"欺凌"行为已构成犯罪。

这种方法的基本原则——正如任何法律一样——是国家必须执行，尤其是学校这种国家权力具有象征性意义的地方。

这种方法带来了一些司法上的定义：面对欺凌，学校工作人员转变成司法辅助者，他们必须找出受害人、肇事者，进行调查，处理证词，给予制裁(数小时的课后留校、写反欺凌的检讨文、停学，等等)。在法律程序中，受害者不应该自己解决问题，而是将处理权委托给司法机构。因此，受害者得到的唯一建议就是作证、说出来，由解决这个问题的当局提供保护，然后受害者可能需要去咨询擅长处理创伤后症状的心理医生。说到这里，这个方法没什么不好，都是常识。

但问题是这个方法不管用

尽管这些措施的动机是好的，背后是无懈可击且显而易见的道德观念，但通常不是很奏效。当然也有例外，一些"欺负人者"(不是最具威胁性的那些)可能因为害怕道德说教和惩罚而停止欺凌行为，但他们什么也没有学会——除了强者法则，可这是他们原本就知道的东西。所以，总体而言，结果令人失望。为什么？

效果欠佳

对奥尔维斯方法的早期调查发现，该方法只能勉强达到50%的改善效果（50%可以视作无效），而这样的效果此后再未达到过（最乐观的独立调查研究认为其效果很难达到10%或20%）。[4]更糟糕的是，2013年的一项研究表明，在参加反欺凌计划的学校就读的孩子，比其他学校的孩子更容易遭受欺凌！从那时起，所有结果都指向"效果欠佳"，但似乎没什么能够阻止大家认同和宣传这个方法。

不再区分不同类型的暴力行为

显然，在发生了比较严重的身体暴力侵害或性侵时，孩子需要被成年人设立的权威系统保护，正如我们在被攻击时需要警察保护一样。但绝大多数欺凌事件不一定是"身体上的"，而更多的是挑衅的话、谣言、网络欺凌、排挤，此外还有"我们不知道是谁先开始的"这类相互攻击的案例。提起校园欺凌而不区分类型，就像是把嘲笑或起绰号与工作中的性骚扰或确凿的死亡威胁相提并论，接着我们给欺凌者一个比实际暴力行为更加污名化的头衔。法国教育部的调查报告毫无区别地提及所有"受害类型"，从被侮辱到因使用武器造成的伤害！

弱化受害者

孩子很快就会以为，如果有人对他不友善，他不能也千万不要做任何事情让对方停止不友善的行为。他们学到的只是求助于他人，让他人介入并替自己做一些事。这么做看似在保护孩子，其结果却是让孩子形成习得性无助。

这样等于间接告诉孩子：在欺凌者面前认为自己无能为力、非常软弱，这样的想法是对的！我们鼓励他们依赖别人，因为他们被告知——只有其他人，而不是他们自己能够解决自己的问题；如果事情重演，他们仍然不能依赖他人力量去面对问题。我们作为成年人，把自己摆在必须解决所有事情的位置上，遏制孩子的自主性，鼓励他们在遇到任何问题时无须分辨，直接求助于我们。我们以为自己在保护他们，但其实增加了他们的恐惧，让他们担心只要成年人一离开，自己就会再次成为受害者(因为成年人是他唯一的保护者)。他们的自信心将会下降，从此开启了一个恶性循环。

有人试图伤害孩子，孩子当然是受害者，但面对话语和关系中的欺凌，孩子需要的是学习技能，而不是丧失技能。

强化欺凌者

通过告状和惩罚欺凌者，我们把武器递给了欺凌者。我们让他们看到他们的这些"小问题"拥有巨大的能量：真的伤害了受害者，并且牵动了所有成年人。我们还让他们感受到这个受害者是很容易被欺负的对象，是脆弱且不知道如何自我保护的"好猎物"，下次只要更凶地打他，只要自己不被抓住，就能确保自己的优势地位。大多数时候，这么做会使欺凌者获得权力，更受欢迎，找到更多的乐子。至于道德说教，放在天平上也毫无分量。

"制造"受害者，更容易引起反击和报复

攻击者会否认事实，或指责是对方先开始的。因此，他觉得自己受到惩罚和举报是不公正的。"停学三天、放学后留校几小时，或写一份检讨，这些都比简单说几句要糟糕得多，我一定会报复的。"我们给了他一些理由，加深他的怨恨。我们假设他第一次用嘲笑的方式，下次他要报复，后果可能更糟。惩罚让他感觉自己是受害者，他想报复。这些措施不会让他尊重权威，或因为所受到的惩罚就对被欺凌者变得更友善。相反，他常常只会更蔑视别人，再去欺负别人，所以欺凌行为会更严重。

欺凌者被污名化

在奥尔维斯的描述中，欺凌者冷酷，没有同理心，必然充满恶意，在别人痛苦的时候感到高兴。总之，就是变态，是精神病患者或具有反社会人格的人。

但看一看受害者的数量，真的有那么多精神病患者吗？从统计学的角度来看，这是不成立的。

我们不是从未进入过校园，难道不知道有些孩子只是想开玩笑，而不想伤害别人，只是他们没有意识到自己的话语给他人带来多大的影响？有没有可能有别的原因促使他报复？或是想在课间休息的操场上占据一个社交位置（这是人天生喜欢被关注的本性，尤其对于青少年来说），或是为了进入一个集体，而不一定是为了把快乐建立在他人的痛苦之上？

一个人即使不是虐待狂，是否也有可能伤害别人呢？或许很多人都有伤害别人的想法——那些会扔第一块石头的人除外①，调节攻击性本来就是人应该学习的。

若我们说这些攻击性强的孩子也有血有肉，不是恶魔的化身——这是否真的很令人震惊？给人贴标签是最糟糕的、试图让人自我质疑的方式，而"勉强别人表现出善良"，用力量和惩罚强迫别人拥有同理心⁵，也不怎么道德。

我们向孩子这样描述世界：不存在差异、黑白分明、只有好人和坏人……难道不奇怪吗？

---

① 指的是批判、指责他人且自以为品行高尚的人。该习语出自《圣经》的福音书卷。——译者注

让老师更累

老师们都希望孩子们在学校里快乐地学习、生活，但老师们没有接受过关于校园欺凌的培训——不知道如何去伸张正义、充当警察并找出谁是始作俑者，他们也没有动力做这些事……

他们更擅长专注于教学，这是他们的职责所在。他们中的大多数人匿名地表示实在厌烦这些低效且限制性强的操作，更别提在这个反欺凌计划中学校需要承担起避免各种形式的攻击行为的责任了，重负难担啊！在美国，几乎每周都有学校因为没有好好保护孩子免受羞辱或戏弄而被起诉，有时学校甚至会因发生在校外的事情而被问责，而法国的情况又如何？

我们忽视心理学的基础知识

最后，请允许我作为心理学家说说这一切与我在大学学到的基本理论差距有多大。

有时，我想问问这些方法的捍卫者（他们通常满足于有人告状、有人被惩罚）：我们变得如此幼稚了吗？

若一个人寻求帮助并有改变的动力，我们应该帮助他去改变；若一个人否认事实、什么也不期待，相较之下，我们限制他的行动也没有用。难道心理学的基础知识不是这样告诉我们的吗？

惩罚不是促使人学习的最好的方式，对吗？

人与人之间的关系往往很复杂，粗暴地贴标签（好/坏）无法让人改变，对吗？

我们不是总能正确评估自己的话语在他人那里的接受度，对吗？

若我们真的想解决冲突，应该避免评判和选边站（问问两性关系治疗师），对吗？

帮助一个人改变，需要让他负起责任，推动他采取行动；而不是让他越米越被动，教导他一切都等着别人，对吗？

好像这些在其他情况卜都是对的……只有面对欺凌时，我们采取了完全对立的态度！

那些至今都被称为经典的反欺凌计划，正是"错误的好主意"教科书级别的案例，它们的逻辑和错误的德育[6]让人望而却步。

既然不起作用，那就必须改变！

改变欺凌者，而不是整所学校

"他有好的一面。我知道。我知道他仍然有这一面。"

——帕德米·阿米达拉[①]（Padme Amidala）

差不多在奥尔维斯发表研究成果的同期，有一位瑞典心理学家正以不同的方法研究这个主题，他就是阿纳托尔·皮卡斯[7]（Anatol Pikas）。

他反对奥尔维斯的许多观点。对他来说，欺凌者经常以集体（mobbing）的形式出现，这种集体通常以恐惧凝结在一起，并且总是很难明确每个参与者的意图，并不存在某种典型的欺凌者形象。潜伏在我们每个人心里的道德面倾向认为有一种明确的、典型的欺凌者形象，但那不是学校的实际情况。有些人是因为没有与这些集体保持距离，而有些人则是没有想到那样做会伤害他人。相对于极为罕见的精神病变态者，笨拙、不懂得评估行为后果、试图融入集体的青少年比比皆是，因此

---

① 乔治·卢卡斯，《星球大战》系列电影中的虚构角色。——译者注

我们很难决定在一个集体中该惩罚谁，也很难做出具有修复作用且合宜的处分：停学不能激发欺凌者的同理心，且对于促使其反思自身行为效果甚微。

皮卡斯方法的结构性很强，其参考手册上的说明非常详细。这个方法的基本原则建立在**降低集体效应的可能性上：在"欺凌者"中寻找合作者，激发他们的**同理心，与他们一起找出可能的解决方案。

不是所有人都觉得待在欺凌者的位置上很舒服，所以就一个一个地与他们见面，不选边站，也不说教，让他们明白我们注重的是什么[8]。如果有人明白了（通常有一些人这么选择），他们就能够成为解决自己所制造的问题的一个重要、有利的因素。他们没有受到任何惩罚，但站在了修复所造成的伤害的位置。如果至少有几个欺凌者改变了，那么集体效应就消失了，情况就会有所缓和。

许多学校都在尝试使用这套方法，结果非常喜人，而且这套方法还可以让我们避免掉入"司法裁判"的陷阱。

只是我们需要注意，这个方法：

● 是针对组织（学校），而不是心理性的（所以，作为家长或心理治疗师，我们无法使用这个方法）。

- 治标不治本，没有预防作用（没有教给被欺凌者下次再被欺凌时该如何应对）。

- 没有考虑到个体的欺凌事件，那毕竟也是存在的。而且，欺凌在第一时间常常表现为个体之间的关系出了问题，然后才发展成集体欺凌。

但这个方法最主要的限制是它聚焦于欺凌者，而不是遭受痛苦的一方能够做些什么。这里，受害者仍然处在被动的位置，只能等着其他人改变欺凌者。事情发生后，欺凌者先被问话，随后才是受害者，这就非常明显了。在法国的学校推行这个项目的小组对工作模式进行了改变[9]：在整个程序中，优先注意受害者，通知受害者有关机构已经介入，并抚慰受害者。尽管这样做不会让受害者在欺凌再次发生时变得更积极或更能够采取行动，[10]但至少受害者不会在自己毫不知情的情况下"被帮助"，或者在有关机构采取行动后才被告知！

这种干预仍然是欺凌情况非常复杂时解决问题的一个途径。在法国推广该方法的人热情、充满活力，他们培训了许多人投入其中，并测试过系统的有效性。然而，即使这个方法是学校的一张王牌，也还是受一些限制，且有待改善的空间。

我们作为心理治疗师、父母、亲人、老师，可以为这些被欺凌的青少年做些什么？

改变被欺凌者：反击的尝试

"自卫最好的方式就是不要模仿冒犯者。"

——马可·奥勒留[①]（Marc Aurèle）

每当我说自己对"校园欺凌"这个主题很感兴趣时，人们都会问我是否因为小时候被欺凌过。

我想我经历的不算是欺凌。被戏弄或被嘲笑，这些是有的。

曾经，因为我的出身（犹太人、北非裔）、生理缺陷（手部有一点畸形）、社会阶层（我身上那些没有牌子的衣服所表现出来的），别人试图羞辱我、贬低我，但我很幸运，在一个充满爱的家庭中长大，尽管家里条件并不好，但每个家庭成员都

---

① 罗马帝国五贤帝时代最后一个皇帝，拥有凯撒称号，被誉"哲学家皇帝"。——译者注

热爱书籍。大家都认为"知识是巨大的财富，即使最弱小的人也能处理学校里发生的事，每个人都有受教育的权利"，正如歌词中所写的那样。

我讨厌身体暴力，因为在跟别人打架时没有优势，所以我学会了用话语来保护自己，用话语让自己获得尊重，而不是靠打架。我学会了用脑袋思考，知道如何巧妙地对答并拿捏口头反驳的力量。所以，我并未遭受那么多的欺凌。

即使后来我不那么需要辩论了，也仍然保留了对语言的热爱：我的工作就是倾听他人，与他人交谈，我治疗病患、教书、写作，参与社交网络上的讨论和辩论。

我接待过被欺凌的人，面对攻击，他们通常十分惊愕、"无法发声"，所以我首先做的，就是试着教会他们反击。矛盾的是，如果受害者试着用反击的方式来阻止欺凌行为，却没有成功，情况就会变得更糟糕，自己的弱点被暴露。那么，怎样才能让他变得更强？或许应该教他如何聪明地反击。

帮助他把话语当作武器，摆脱受害者的姿态，让对方看到他很强，甚至比对方更强。找到回应的方法，训练孩子坚定地用这个方法回应。故事就会变成：欺凌者为话语暴力付出代价，而被欺凌者已有能力面对自己的脆弱，能够自己采取行动，而不是等着他人来仲裁。

简单来说，就是在双方力量过于不平衡的时候，使其中一方恢复能力，让两边的力量变得旗鼓相当。

但这么做并非易如反掌！为什么？

原因很复杂

首先，这么做需要创造性，需要经验，需要好好思考的时间。提供一种深思熟虑、"量身定制"的回应，我们需要具备分析能力，包括剖析孩子已经做过但没有效果的事情；以某种真正能够触动欺凌者的方式，制造与现有状况相反的结果[11]……要把这些教给孩子很不容易！这不是每个人都能做到的。

这不是预防措施

进行反击是可行的，但如果对方也有反击的对策，那在第二天、一个月后，或一年后，又会有另一起欺凌事件发生，孩子不得不再一次制订反击策略。在对谈中，被欺凌者或许可以进行反击，但在现实中，在课间或在操场上，事情发生得很快，要反击更难，尤其在孩子还不习惯辩论或被欺凌吓坏了的时候！

有风险

反击没有成功，有点像炮仗没响，反而让孩子看起来很可笑。所以，必须有十足的把握才进行反击。如果反击没有让欺凌者停止欺凌行为，反而会更糟，孩子不仅感到很无助，还觉得自己很可笑。

不太自然

利用被欺凌者累积起来的恨意，让他们表现得"比欺凌者更坏"，有时对被欺凌者来说很难；被欺凌者通常"非常和善""害羞""温和"，并因为所经历的事情暂时变得软弱。他们并不适应反击者的角色，所以那是有风险的。尤其是，如果反击行为的攻击性很强且不太巧妙，难道他们真的愿意以攻击者的形象出现吗？

很危险

如果反击失败了，那么欺凌者就赢了。如果反击成功了，尤其在公众场合，欺凌者就会觉得自己成了受害者。这种感觉对于"受害者"而言，能够合理化自己报复的想法。这样，事件就极有可能升级。我们只是赢得了一小段安稳的时间，欺凌者会准备下一次可能更疯狂的反扑，而我们并未准备好去应对。

进入由欺凌者制订规则的游戏

如果反击失败了，那么欺凌者就赢了。如果反击成功了……欺凌者还是赢了！报复能让我们在当下心满意足，但是以暴制暴，甚至只是通过语言反击，都是在玩由欺凌者制订规则的游戏。占上风的是他们，是强者法则。我们跟他们是一样的思维逻辑，处于相同的语言模式中。

如何使用规则，彻底地离开那种互动模式呢？你们认为我们可能因为变得具有攻击性从而脱离挑衅关系的循环吗？

这样做既改变不了欺凌者，也改变不了被欺凌者

精确地拿捏攻击性的强弱非常难。公开地以暴力形式反击欺凌者，这样做无法激发他们产生变得温和、停止欺凌他人的意愿。他们充其量只会觉得必须

另选一个目标，而最坏的情况是，他们会把这个公开反击的人作为自己最大的敌人。这种方式无法让欺凌者得到持久的教训。

制造受害者

当然，我们不能让欺凌者觉得自己无所不能。但我们可以因此而忽略，甚至接受、赞同或鼓励让欺凌者遭受同样的痛苦，以此作为"回报"并解决问题吗？我们太清楚了，痛苦无法平息暴力，只能加剧暴力。事实是，有些欺凌者，要么极度敏感，要么是被虐待过，要么是曾经被欺凌过。一个在痛苦中并试图用欺凌他人的方式（最糟糕的方式）重新把握自己生命的孩子，让他再一次受到羞辱，这样做应该完全无法减轻他心里的痛苦和仇恨吧？

这令人沮丧

被欺凌者接收到的非语言沟通的信息是：只要有武器，只要不遇到比他们强的人，这样的做法就行得通。那么，我们要做的就是找到更强、永远更强的方式。

与力量无关

更强的是那个反过来报复、贬低他人的人，还是没有被欺凌者的行为影响、继续前进的人？是橡树还是芦苇？①

在我看来，被欺负的孩子希望有另一条出路，而非"不得不被支配"或"压制他人"。他能以另一种方式摆脱困局而不是成为比欺凌者更恃强凌弱的人，不必成为暴力的人，却能从暴力关系中脱身，不使用累积的愤怒，不需要在课间休息的操场上假装自己比那些小头目更强。简单来说，就是摆脱欺凌，而不必支配他人。我们该教孩子怎么做？

总结：反欺凌的道路是用善意的动机铺成的

11岁的泰奥¹²是拉斐尔·纳达尔②（Rafael Nadal）和托马斯·佩斯凯③（Thomas Pesquet）的粉丝。他很绝望，他的父

---

① 源自让·德·拉·封丹的预言诗，意思是强弱很多时候不是表面看到的样子。——译者注
② 西班牙男子职业网球运动员。——译者注
③ 法国航天员。——译者注

母则十分愤怒，因为他在学校每天都被侮辱、被丢纸团，打网球也无法再让他开心起来了。他问我："我怎么做才能摆脱这些事？"

这个问题，我听过几十遍了，但每次都像是第一次听，我让他重复了一次问题，并记了下来。毫无疑问，他没有跟我说"把我从这种处境中弄出来"，他问的是他如何摆脱这种处境。

我问了他的想法和他所做的尝试。别人跟他说要告诉老师，跟成年人说，还有告上法庭……但他没有这样做，因为他害怕被报复，害怕没有用。

"学校什么也没为我做，何况学校采取行动的时候，情况会更糟糕！"

当成年人的做法没有用的时候，他还是想保护自己，自己试着摆脱困境。

"我总不能一直让他们欺负我吧？这样他们就太高兴了！"

他的声音因悲伤和愤怒而颤抖。

"爸爸跟我说要表现出生气的样子，表现出男子汉的气概，而不是让他们为所欲为……可是我一表现出生气的样子，他们就嘲笑得更厉害了，而我，我根本不会打架……我会打网球，但不会空手道！"

他想要的，是以尽可能和平的方式脱离这段扭曲的关系。

传统的反欺凌方法似乎没有一种能够回应这个问题。

所以，问题是：在大多数积极应对欺凌问题的国家，人们都走错了路。

● 鼓励孩子跟成年人说明情况是有道理的，如果他们告诉我们的事情是他们自己无法处理的，这说明他们与我们之间有着宝贵的信任关系。但如果我们站在裁判的位置，告诉他们只能等着外界介入，而没有告诉他们应对的方法，那么我们带给他们的就是无助感。

● 让旁观者去告诉成年人或进行干预是有道理的，如果处于危险中的孩子无力应对，那么成年人就必须出手干预。但如果我们指责孩子不敢扮演英雄的角色或不敢举报，那我们就忘了课间操场上的游戏"规则"。

● 让欺凌者反思他们的行为是有道理的。但如果只是通过学校提醒他们将受到法律制裁、被惩罚、被指派任务、被停学，或是被欺凌者进行了反击，这些行为就会强化欺凌者报复的欲望。

这些反欺凌措施的初衷是好的，只是结果令人失望。

"贴标签"（被动的受害者/精神变态欺凌者/同谋旁观者）是错误的，且毫无帮助。反击和报复似乎能让孩子更主动，但有风险，甚至可能适得其反。

作为帮助者、父母、老师，我们知道自己没有能力改变世界，甚至没有能力去改变不曾谋面、否认事实、不愿改变的欺凌者，但我们现在面对的是痛苦、有动力、试图做些什么来摆脱欺凌的孩子。这本书想说的是：如何倾听他们、回应他们、交给他们工具。

● 面对欺凌，我们并非注定失败！

● 被欺凌的孩子是无辜的，只要给他合适的工具，他就有摆脱欺凌的力量。

● 如果我们希望提升孩子的心理韧性，就必须给他面对困难的机会。

● 如果我们希望培养他们的自信心，就必须让他们学会自己解决问题，而不是替他们解决。

◉ 如果我们希望提高他们的社交能力，就必须让他们去体验关系，包括那些不像我们期待的那么好的关系。引导他们去做，而不是代替他们去做。

◉ 如果我们希望他们靠自己摆脱欺凌，就必须教会他们建立和平的关系，而不是制造冲突，以此变得更强。

欺凌有一天真的会停止吗？

"难以置信！"

法图跟我说。

"自从我使用了我们之前练习过的技巧，他们就不再辱骂我，也不再因种族歧视而嘲笑我了……我几乎都忘了自己是黑人！"

她笑着对我说。

"恭喜你！如果有人再次欺凌你，你觉得有能力去面对吗？"

"会再次发生吗？"

"你觉得呢？"

她妈妈从位置上直起身体，打断道：

"你已经上初中了，现在一切都很顺利，那很好！只是那些种族歧视的人，相信我，你这一辈子总会遇到的！在高中、在工作中、在大街上，到处都有……"

孩子看着妈妈，被妈妈严肃的态度吓到了。

我这样回答她：

"法图，我不知道因为肤色遭受歧视的人的'内心'感受……但，你妈妈说的恐怕是真的……我很希望这个世界不是这样的，但到目前为止，而且可以肯定的是，将来很长一段时间内，我想一直会有人讨厌与自己不一样的人，他们讨厌一个人只因对方是黑人、阿拉伯人、红棕色头发的人、同性恋、白人、犹太人或有其他任何不同的人……"

"好……那好吧。但是现在我知道怎么让他们停下来，怎么不让自己受伤。重要的是，我不那么害怕了！"

就像其他所有父母一样，我花很多时间告诉自己的孩子：在这个世界上，我爱他们胜过一切，我觉得他们与众不同……

还有，可能跟别的家长不太一样的地方是，我在他们很小的时候就告诉他们，有人跟我的看法不一样。是的，我花时间告诉自己的孩子有人可能觉得他们很丑、很笨、一无是处、很坏，即便他们完全不是这样的。在他们成长的路上，可能会有人想支配他们、不喜欢他们，并以各种方式表现出来。那么还不如不要指望这个社会有奇迹：不是所有人都永远善良。为此做好准备很重要。[13]

"您明白了吗？"

一位愤怒的父亲对我说。

"他们还只是小学生！需要做点什么让这些小白痴停止那些行为，而不是让我女儿去看心理医生！"

"先生，我能理解您的愤怒！您觉得只要这些小白痴被惩罚，事情就结束了？"

"啊，如果是我，我会劝他们不要再这样做了，我保证！"

"然后呢？您可以向您的女儿保证，上初中以后再也没有辱骂了吗？"

"呃……"

"高中也没有吗？大学呢？在工作中，您可以向她保证她面对的是一条平静的长河，是没有任何攻击性的环境吗？"

"不是，当然不是这样的。"

"所以，她今天要学的东西可能以后对她来说很有用……"

我们应该把孩子养在一切都很顺利的环境中吗？

"是的，当然！"有些人这样对我说。

放心，这样的地方我们听说过，那个地方叫作"天堂"。只是我们中的很多人并不相信这个地方真的存在。相信天堂存在的人都知道人死后才有可能上天堂，而在死亡这件悲惨的事件发生之前，人必须冒着被嘲笑或被侮辱的风险活着。他们一生都需要去面对那些不愿听到的言辞，而且没有法律禁止这件事。所以，欺凌基本上永远不会停止，但我们需要知道怎么去面对它。

结论：没有受害者，也没有无助者

正如一些清醒的专家[14]所指出的那样——他们的观点与许多反欺凌专家的观点[15]正相反：一个孩子被欺凌，不仅仅因为他"与众不同"。

孩子的性格、所属社会阶层通常只是借口。欺凌存在，也是因为受害者在面对欺凌者时显得比较脆弱，在心理上处于弱势，在情感上容易受伤、被压制，还容易产生无力感，所以欺凌者趁虚而入，使被欺凌者受到伤害。

按照实际情况接纳受害者所经历的一切，这一点至关重要；受害者不应该为别人对他所做的事情感到内疚，他确实就是欺凌行为的受害者，他感到痛苦是正常的，他的感受应该被接纳。

但是，受害者的身份、形象和感受，让他觉得这就是自己的位置、命运，从而影响他的态度，这就容易让不断重复欺凌行为的人认为这样的受害者是适合的欺凌对象，支配他们很好玩、很容易、对自己很有利。[16]

反之，不用受害者的身份去限制他，受害者就能学到保护自己的方法，拥有不再让自己受伤的力量和昂首挺胸摆脱欺凌的能力。这听起来似乎很难，但我们确实可以通过学习获得这种能力。人与人之间的关系就像某种形式的游戏，我们可以从中总结出最主要的规则，以摆脱欺凌。这其实很简单，但我们无法信手拈来，因为这种能力不是与生俱来的。

我们可以学习相反的"镜像"态度，让欺凌者觉得欺负我们一点儿也不好玩，对他没有任何好处，同时我们也不必非站在支配者的位置上不可。

不需要打倒对方也能成为赢家，您准备好了吗？

在接下来的几章中，您将读到：

● 处理挑衅关系的游戏规则。

● 欺凌发生的真正原因，以及如何阻止欺凌行为。

● 用游戏的方式高效地学习应对技巧。

● 为摆脱欺凌需要记住的几个关键句子。这些关键句子，不是用来攻击对方的，所以不用担心反击的发生。

● 被欺凌的三个原因；如何快速、简单地处理情况。

● 无法巧妙地回答时，使用任何情况下都适用的、现成的答复。

● 某些特殊情况 [因种族歧视、性别歧视、同性恋恐惧（恐同）等原因被攻击，传播造谣，排挤，网络欺凌……] 下摆脱困境的方法。

● 旁观者 (父母、老师或学生) 化解冲突的神奇答复。

……

稍加练习，我们很快就能看到效果：孩子，还有成年人，在敌对的处境中很快就能平静下来，在挑衅的关系中很快就能重获力量。如果欺凌发生在学校，我们就会看到孩子成为更酷、更受欢迎、更友好、更自在的人。

这样，欺凌就停止了。

要赢得游戏，就必须知道游戏规则

"他每天都对我说，我一无是处！他嘲笑我的姓……我用了所有办法让他停止这些行为，但他还在继续……当我对他说我要告诉老师时，他说我是胆小鬼，他要在全班同学面前说我打小报告……我不知道怎么摆脱他……我对足球确实一窍不通，他这么说可以；而我的姓，确实从来没有人能读对……这样的情况永远不会结束了……"

"看起来，你跟这个家伙相处得不太好……他每次都赢你！"

"就是这样！他赢了，是因为他很坏！"

"是的，他做的事确实坏……但我宁愿说他赢了，是因为你输了！"

"什么？"

"是的。他对你的态度不好是真的，但我觉得你输了，因为你并不知道游戏规则。你觉得在不知道比赛规则的情况下可以赢得比赛吗？"

"……不能，当然不能……"

"你想知道这些规则吗？想知道游戏是怎么进行的吗？"

"你想教我怎么变坏？"

"不，当然不是，再说你已经试过了，那样做无效。"

"显然无效。我表现出生气的样子时，情况更糟糕！"

"所以我们不会学那个，我们要学的是如何轻松地赢得这个小游戏。你感兴趣吗？"

"真的可以这样吗？我们该怎么做？"

"用玩的方式。你想玩吗？要通过玩的方式！我要教你其中一个方式，那是我的一个朋友伊齐·卡尔曼[17]教我的。这是一个智力游戏，但它有一个奇怪的名字：'傻瓜游戏'。"

您肯定教过孩子玩游戏。您是怎么教的呢？

首先，您要判断这个游戏是否适合孩子。

然后，您阅读游戏规则，去理解这些规则。

接着，您向孩子解释游戏的基本规则，要达到的目标，最重要的一点是您跟孩子玩一局。孩子在玩的过程中，就能了解规则，提高自己玩游戏的能力。

最后，您教他一些技巧。这样，他就不容易输掉游戏了。

同样，我也会告诉您什么时候不是游戏，我们必须拒绝"邀约"(详见第二章)。

然后，我会向您解释这个方法的原理，赢得这场心理游戏的规则 (一共有五个规则)，以及如何轻松地达到游戏目标 (详见第三章)。

接着，我会让您看到如何玩"傻瓜游戏"，让孩子以非常简单的方式运用这些知识(详见第四章)。

最后，我们描述各种可能发生的情况，通过简单、具体、合宜的"答案决策树"回应对方，让对方无法反扑 (详见第五、六、七章)。

本书中提到的方法，我与我的来访者一起练习过，没有任何隐藏或删减。您可以全部照搬，进行练习。父母可以和孩子一起练习，老师可以跟学生一起练习，治疗师可以跟来访者一起练习。

第二章

•▸————•————◂•

"这不是游戏！"

当我们不用这个方法的时候

•▸————•————◂•

"尽管我反对战争，但在别无他法时，我赞同外力干涉。"

埃利·威塞尔[1]

（Elie Wiesel）

学习以玩的态度去面对，而不是只能忍受，或去举报对方，或让对方受到惩罚。这很好，在某些情况下举报、惩罚、反击是必要的。我们也可以拒绝玩游戏，有些时候我们要玩的是另一种游戏。

唯有沟通能够解决的问题，我们才通过沟通去解决（否则，这就不是一场游戏了！）

"急性"攻击/"慢性"攻击

在医学上，如果一种疾病的症状只出现一次，并且发生在近期，我们称该疾病为急性病；而如果它是长期、重复的，我们称为慢性病。"急性"攻击出现在近期，且只发生一次，就是我们恰巧在糟糕的时候去了糟糕的地方。这样的情况下，用正确的方式沟通或许有用，但显然无法避免攻击，沟通就很难产生效果。而欺凌是一种"慢性"攻击，让人痛苦的地方恰恰就在于它的重复性。所以，在欺凌事件中，有一种"有毒"关系。

客观伤害/主观伤害

如果身体上的伤害或财产的损失是可以看见的，我们称为客观伤害，包括偷抢、留下伤痕、性侵、照片泄露等。

所谓的主观伤害，触及的是受害者的感觉和情绪，是一种心理上的伤害。攻击本身并非受害者主观的想象（客观上，对方确实说了某句话或做了某个行为），但受害者是否感到受伤及受伤害的程度如何取决于他本人如何看待对方的行为、如何解读那些话。如果攻击者说出攻击性话语（侮辱、嘲笑等），或有时的确动手了（包括推搡、弹指、摇晃等）但没有留下肉眼可见的伤痕，其目的通常是让对方害怕或痛苦，这样的欺凌造成的伤害就是主观伤害。

客观事件受害者/心理受害者

相对应地，我们可能是客观事件受害者，事件指的是针对受害者的客观行为；或是心理受害者（或同时是客观事件受害者和心理受害者），即受害者认为攻击对自身的精神和情感层面造成了伤害，欺凌中的受害者就是心理受害者。请注意，在欺凌中确实发生了"一些事情"：对方确实讲了某句话或做了某个行为；还需要注意的是，心理上的伤害也会让人很痛苦，有时甚至比肉体所受的伤害更严重。但对同样一句话，一些人可能感觉很糟糕，另一些人却觉得没那么暴力，这恰恰说明伤害程度取决于我们大脑处理信息后如何做出反应。一段时间后，受害者可能会通过发生过的事情定义自己，感到被迫害、无助，这样的结果对于攻击者而言是"意外的收获"。针对这一部分，我们可以做些什么呢？

所以，要小心

沟通确实有益处，但对于造成严重、客观性伤害的情况，沟通就没什么用了。这种时候，我们必须根据情况忽视对方、立刻逃跑、反击、正当防卫、诉诸法律途径，或请求权力部门或专门保护儿童的机构的保护。[1]攻击者必须为其行为负责任，应该受到法律的制裁。

简言之，在这种情况下，我们不玩游戏。

如果我们是一段关系中的受害者，即我们主观上觉得自己的情感、精神受到了伤害，这种时候，就有回旋的余地了。我们可以改变自己的想法和情绪感受，也可以拥有改变自己的看法和与对方互动的模式的能力。在这些情况下，本书所教的沟通技巧就能帮助我们从这种"有毒"的关系中脱身。

皮肤和衬衫：辩论不是欺凌（不是同一个游戏）

"我们不知道如何区分皮肤和衬衫。"

——米歇尔·德·蒙田（Michel de Montaigne）

在一些情境中，如同蒙田所说："我把自己推向反对我的人。"[2]辩论中，我们努力说服对手。这时，我们就不要混淆"皮肤和衬衫"，即不要混淆一个人所捍卫的观点、他的言论、他的肤色和他这个人。

辩论必须在安全的情况下、在安全的空间里进行，在其中我可以大胆冒险，自由甚至强烈地表达自己的观点，接受对方的反对意见和批评；也可以倾听，仔细分辨那些让我不舒服的观点，同时要保持文明礼貌。辩论，与欺凌相反，前者充满智性，是人类的财富，能够建立关系，只要双方攻击的只是观点本身。[3]

但是，在本书中，我不教您逻辑技巧。欺凌不会因为我们说服了对方而终止（毕竟我们没那么招人讨厌），而是因为我们成功地让对方停止了攻击行为。

有时，辩论中的这些方法也能让双方更冷静地说话（因为在这样的语境下，我们不得不攻击对方？）。但是，为了捍卫权利或某个理念，我们首先需要表现出自信、斗志满满，展现辩论的才华，有说服力，善用修辞[4]。这个游戏的规则同样让人兴奋，但这不是本书要讨论的。

结论：调整我们的干预方式

对于"客观伤害"，本书的方法并不适用，我们也不玩游戏。

对于"理念的辩论"，本书的方法也无效，因为游戏规则不一样。

欺凌包含话语攻击、行为挑衅，还有受害者感受到的痛苦程度。本书的方法非常适合帮助受害者去面对欺凌。

我们会对孩子说：

"你跟我说的事情是被禁止的（严肃的/重要的/严重的），作为成年人，我的职责就是保护你。"

还是会说：

"你想捍卫自己的想法，我们可否想一下怎样让你的论点更突出，让你的语言更具说服力？"

或者说：

"你告诉我的这些，似乎真的让你很困扰。你希望我们一起想一想怎样才能摆脱困境吗？你希望我教你一些小技巧吗？"

如果是最后一种情况，我们就需要学习怎么玩这个关系游戏、心理游戏以及这个游戏的规则和原则是什么。

第三章

•——◆——•

"必须遵守规则！"

面对欺凌，关系游戏的规则是什么

•——◆——•

本书的某些观点可能让您感到震惊或让您觉得很矛盾，某些想法您可能觉得简单且实用。请您花些时间全部读一读，想象一下如何去实践，也请允许自己沉浸在惊讶之中。然后，请进行角色扮演，那将是孩子们的游戏。

规则一
主要的规则：了解欺凌发生的唯一原因！

"你只是为了赢得这场没有规则的比赛。或者，你只是需要解读属于你的规则。"

——马诺·索洛[①]（Mano Solo）

欺凌的存在唯有一个原因：行得通。

所以，当欺凌行为行不通时就会终止。

关于欺凌我们只需要记住一件事，这也是唯一需要记住的。

任何人都可能成为被攻击的受害者，然而，攻击行为

---

① 法国歌手、吉他手、画家。——译者注

是如何变成欺凌的？欺凌就是不断重复、持续的，而且在某些情况下越来越严重的攻击行为。

那是因为攻击者达到了目的，也就是说，他对目标对象产生了影响，让对方感到痛苦。攻击者获得了回报，赢得了胜利，觉得自己拥有力量，这样的结果强化了对方作为受害者的软弱姿态。所有这些条件叠加在一起，就催生出欺凌事件。

想一想以下这两种情况：您在游戏厅把1枚硬币投入老虎机。

● 机器吐出了 5 个硬币；您接着玩，机器又吐出 10 个硬币；您再接着玩，这次吐出了 15 个。接下来您会怎么做？肯定是接着玩！

● 机器连1枚硬币也没有吐出来，您输了；您再试1次，还是什么都没有；您接着又试了1次，还是什么都没有……接下来您会怎么做？很可能换一台机器。

被欺凌的孩子有时就像引诱玩家赢钱的老虎机。

尽管并非自愿，但被欺凌的孩子表现出来的，正是攻击者希望看到的：

● 要么是受害者的软弱：他受影响了，低着头，哀怨地请求对方不要再欺负他，说他要去告诉老师……在攻击者看来，对方没有能力保护自己，而攻击者因此觉得自己充满力量，就更想支配对方了。

● 要么是受害者的愤怒：他大发雷霆，立刻反击，动手打人……这样做，让攻击者觉得自己才是受害者，就更想报复了。

● 要么是嘲笑的机会：以攻击者眼中可笑的方式抗议，受害者"像宝宝一样"哭哭啼啼，而这本来就是攻击者希望看到的结果，这样的表现证实了攻击者的看法……这只会让攻击者更想继续嘲笑对方。

不管是哪种情况，受害者已经受到影响，对欺凌者/玩家来说，这是"获胜的一击"，说明他控制住了对方，控制住了局势。因为所有人都喜欢获胜，所以他就重复欺凌行为……

然而，受害者不是理所当然要承受所发生的一切，如果我们让他们知道应该怎么做，他们就有办法渡过难关。为此，我们必须想方设法不再做无意中导致欺凌持续下去的事。

所以，终止欺凌只有一个原则，就是让它行不通！只要一招就可以逆转局势。

怎么做？

规则二
基本的心理学原则：相互性和"黄金法则"

> "'己所不欲，勿施于人。'这就是全部的教
> 义，其余的只不过是这条教义的注解。现在，去
> 吧，好好研究。"
>
> ——希勒尔长老，巴比伦版《塔木德》

人与人之间的关系有点像板球游戏：我们击球，球就弹回来；我们击中一侧，球就从同一侧弹回来；我们击得越重，球弹回来的力量就越大。这是相对应的。

心理学和社会学最基本的原则之一就是相互性，这条原则这样说：

别人怎么对待我们，我们倾向于用同样的方式回应。

我们自然而然友善地对待友善的人，刻薄地对待刻薄的人。

如果有人攻击我，我自然想以同样的方式进行反

击，阻止他的行为，尽力让他闭嘴，举报他的行为，让他受到惩罚。这意味着他影响了我，我成了让他"赢钱的老虎机"。

如果我听从本能，按照攻击者对待我的方式对待他，即把他当作敌人，这正是他想要的，他就赢了。这样一来，我给了他借口，让他继续把我当作敌人，一个特别糟糕的恶性循环就开始了。

那该怎么办？应当用"黄金法则"。

这个原则是这么说的：

我们希望别人怎么对待我们，就用这样的方式对待他。

这条法则让我们赢得游戏。

让人意外的是，这个原则很普遍，尽管其中并未提及神灵，但我们能在大部分宗教中找到它，在很多心理学和哲学的理论体系中也都提到了。

● 有些人觉得这个原则是法律，也就是说必须强制执行。颁布法律让人与人为善，在必要的时候甚至可以使用武力，强迫别人有良好的表现，这本身就是极大的悖论。[1]这显然行不通，因为被强制表达出来的善意不是善意，被迫表达出来的尊重与尊重毫无关系。使用武力、控制的手段去征服那些支配他人的人，这恰好是我们所反对的。

● 对于另一些人，尤其是信仰某种宗教或维护某种哲学思想的人来说，这个原则是道德：必须强迫自己以善良、慷慨、怜悯的态度对待所有人。

我们希望从全新的角度来看待这个原则。对我们来说，这是一条游戏规则。这种古老的智慧，既不是具有约束力的法律条文，也不是道德律令，而是一种方法！这个原则代表的理念具有普适性，且已有五千年的历史，实际上它是让我们更好地与他人在一起生活的关键！

您希望被别人当作朋友还是敌人？当然是朋友。

那么，您应该怎么对待别人，才能让他们以同样的方式对待您？当然是把对方当作朋友。

谁需要您以朋友之道待之，是您的朋友、您所爱之人吗？

不，当然不是！面对这些人，我们本就有感情，很自然能够和善待之。如果对方跟我们想的一样，只想为了我们好，我就不需要在本书中写这个原则，这个原则的存在也就毫无意义了。

这个原则之所以需要被写下来，就是为了把它用在恶意对待我们的人身上，目的是让他们停止恶意的行为！这个方法的奇妙之处就在于利用相互性，在我们面对对手时扭转形势，让情况变得对我们有利。

以下就是关键之处。如果有人恶意地对待我，把我当作敌人，而我友善地对待他，把他当作朋友[2]，将会发生什么事？他的基本心理运作，以及几乎铭刻在人类基因中的相互性，会使他的脑海中出现两种对立的想法。

⦿ 第一种，他必须与自己对抗才能保持坏人的姿态，因为要恶意地对待友善的人只会越来越困难！

⦿ 第二种，他必须与自己对抗才能防止自己成为友善的人，因为不友善地对待友善的人也很难！

最终，攻击者面对保持冷静、允满善意、有礼貌或笑容满面的人，要继续恶意地对待对方就越来越困难了。那很累、不好玩，也让人不舒服。攻击者必须逆本性而为，付出双倍的努力才能做到，所以欺凌行为最终会停止。下面，我们看一看如何做到这一点。以对我们有利的方式使用相互性，再加上"黄金法则"，我们就可以不留痕迹、轻松、非暴力地在这场话语和关系的斗争中选择"武器"。

规则三
社交规则：言论自由、观点自由

"如果自由意味着凡事皆可行，那就意味着我们有权说出他们不想听到的话。"

——乔治·奥威尔（George Orwell）

现代社会，我们有机会通过"言论自由"这个概念实践"黄金法则"。

在法国，人们有权按照自己的意愿说话、思考，即使所说、所思考的内容是错的、愚蠢的或恶意的（除非这么做很危险，或少数一些例外情况）。 [3]

这里是我与一个"爱反驳"的孩子的对话：

"可是，我不可能就让他们这么说！他们没有权利这么说我！他们说的不是事实！"

"太阳是绿色的。"

"什么？"

"太阳是绿色的。我说得对还是错？"

"呃……是错的……"

"叫警察来！"

"什么？"

"那，叫警察来抓我！你刚才的意思是我们没有权利说不符合事实的话……"

"不是这样的……我的意思不是这样……他们这样说很坏……"

"是的，确实如此。非常坏，但是……说一些乱七八糟的事情是被禁止的吗，是错的吗，或是很坏？"

"呃……那……"

"不是的，当然不是，那样说并不是被禁止的……"

"什么意思？他们可以对我说任何他们想说的话吗？即便这些话让我觉得生气……呃，让我很困扰？"

"我很理解你听了非常不舒服，实际上那些话确实是恶意的。说这些话一点儿也不聪明，我们也不建议别人说这些，但是……他们有权利这么说……你越是禁止他们说，就越刺激他们继续说下去！"

"好吧，我同意，他们有权利这么想……但是，我想他们不要再来烦我。"

"很好，要达到这个目的，我有些小方法可以帮助你，你感兴趣吗？"

"有的！我们该怎么做？"

"你会玩游戏吗？"

我们可以利用孩子们在课堂上学到的知识，引发他们的思考。

重要的是通过对话引发思考，不是"讲大道理"，而是让他"猜"。他自己推导出来的结论、说出来的内容，更容易在脑子里扎根。为此，我们应该循序渐进地提高问题的难度，要从显而易见的问题开始。

比较年幼的孩子或许知道以"自由"开始的国家箴言。自由不是"只做符合××(孩子的名字)心意的事情"。自由的存在，就是允许其他人在法律范围内做允许的事，即便我不认同他的做法。观点自由准确地说就是允许他人表达自己的想法，即便我不认同那些想法，他甚至可以反对我这个人。

当然，言论自由是有界线的[4]，但总体上，我们的法律保护这种自由，其中包括了我们的基本权利，即可以批评和不喜欢某些人事物，还可以自由地拥有自己的观点，即使这个观点关乎他人，或是让他人困扰。

试图让一个人闭嘴，就是让他知道自己已经影响了目标对象，他就更想表达自己的想法了。如果我竭尽所能地阻止这个人行使最基本的自由，那么也许我就是在扮演暴君的角色。尽管我不愿意，但出于相互性的原则，他也会想以暴君的方式对待我吧？

但是，如果我们只是简简单单地让他享受应有的自由呢？让他自由地表达自己的观点，这其中就不再有利害关系，他的话语对我不再有任何力量，他就不想继续说下去了吧？

规则四
思想的规则：没有遥控器

"如果我的出生是为了被控制，那么我应该会带着遥控器出生。"

——佚名

没有人可以控制其他人的思想。

欺凌的存在，是因为那些欺凌的话语妨碍了我们、伤害了我们、影响了我们。这种被妨碍的感觉说明我们不希望他们说这样的话，说明我们听到这些话时感到失望、伤心、愤怒。更何况我们都这样了，他们还在继续说。

几乎所有被欺凌的人都希望攻击者不要说自己的坏话，甚至希望他们不再这么想。[5]

啊，我们多么希望有一个遥控器，控制别人的大脑，让他们只想着我们的好！但是，这种试图控制不可控目标的想法折磨着我们。欺凌者正是通过拒绝停止自己的行为而操控了我们。

想象一下：

"你啊，你蠢死了！"

"啊，你这样认为吗？好吧……"

"呃……是的，真正的蠢猪！"

"听我说，如果你这样想，你可以这样说……"

我无法按下暂停键，但是他也没有点燃我怒火的遥控器。

我只是表达了他有权说或想那些我不认同的事。

这样做，不仅让攻击者失去了武器（几次之后他就不得不停止了），而且这样做给人自由，气氛没那么凝重了。给予别人爱想什么就想什么的自由吧！你无法控制、遥控别人，那就放手吧。

我们要让孩子学会清楚地区分哪些情况是被禁止的、危险的、必须立刻叫停的，哪些情况只是让我们不愉快。

规则五
情绪规则：心理韧性

"没有我的同意，没有人能让我感到自卑。"

——埃莉诺·罗斯福[①]（Eleanor Roosevelt）

韧性原是物理学中的概念，指物体受到外力冲击时在被冲击后恢复原状的能力。这个概念被应用到心理学领域，指的是超越创伤性打击的能力——即使遭受打击，仍能复原。

心理韧性（Psychological Resillience）指的是在情绪上自我修复的能力，是在困境中不被情绪压倒或支配的能力，是面对令人困扰的人、事、物时保持情绪稳定或恢复到某种稳定情绪状态的能力。我们在使用上文提到的那几条规则时，

---

① 美国政治人物、曾任美国总统富兰克林·罗斯福的妻子。——译者注

就是拥有心理韧性的表现。

我们可以超越语言对情绪的影响。我们可以下决心让那些语言无法伤害我们，语言只能拥有我们所赋予它们的权利。

情绪崩溃的孩子或成年人会表现出强烈的不安，同时让攻击者接收到"自己的攻击成功了"这样的"鼓励"信息。

但如果我们决定不生气或不表现出自己受到了伤害，而是保持平静，让他们自由地行使表达的权利，那么情况就会有所不同。

这不是"忽略"。也有很多人说："让他们说吧！不要去听就好！"这样做是无效的。实际上，就算孩子努力表现得毫不在意，也不是真的不在意；他们表现出来的是非常明显的假装不在意(他们生"闷气")，攻击者认为这就是对方已经受到伤害并屈服的标志。我提出的方法更主动，不是像"忽略"这样的被动方式。

人们在前几次使用本书的方法时可能需要付出一些努力，但如果这些基本思想逐渐成为使用者自己的想法，他就真的逐步成了难以受伤的人；简单来说，就是使用者发展出了自己的心理韧性。

有时，我说心理韧性有一部分是我们做的决定。这个决定就是："我今天要很开心，即使你讨厌我；我要很开心，因为我选择了开心。"非暴力沟通的提出者马歇尔·卢森堡（Marshall Rosenberg）提到"情绪责任"，即我们的感受属于我们自己，我们不应该让别人来决定自己的感受。

是我感受到生气，而不是他让我生气。诚然，他可能是我的愤怒的"触发者"，但生气的源头在我自己身上，是我处理所接收到的信息的方式让自己生气了。好消息是，我能够为自己的情绪负责，因为我不是无能为力的。

心理韧性就是拒绝把不属于我们的东西拿进来的能力。如果我是某个暴力事件的目标对象，可我不想成为这个对象，那么我可以拒绝接收暴力。"如果有人侮辱你们，就把这些侮辱的话留给他，那是他的问题！如果你们觉得受伤了，那么可以跑到距离最近的垃圾桶旁边，'倒出'受伤的感受。不要让任何人伤害你们。"弥尔顿·H.艾瑞克森（Milton H. Erickson）这样对他的孩子说。

我们的情绪很珍贵，我们可以学习认识情绪。我们需要知道在哪些地方安全地以合宜的方式向某些愿意听的人表达情绪；知道在哪些时刻避免让情绪成为把柄，被某些人用来对付我们，利用我们的情绪击败我们。

这是一项使我们终身受益的技能，想想你在工作场合或在家里是以怎样不同的方式表达情绪的。

而且，令人惊讶的是，实现这一目标不需要多复杂的策略。只需要了解很简单的原则，只需要说几句话，再加上一点点坚持，就足以让我们不被别人影响——避免成为容易被攻击的受害者。

游戏的目标：获得真正的力量

"跌倒不是失败。停留在跌倒的地方，才是失败。"

——苏格拉底（Socrates）

很多人觉得力量是反击、支配和表现得强硬的能力。

但因生气而反击的人，即使最后夺得支配的权利，也不见得真正拥有力量。他无法承受语言的攻击，无法掌控自己的情绪；他屈服于攻击者启动关系的模式，使用了攻击者定下的规则——他被遥控了！这不是有力量的表现。

真正的力量是——不要表现出力量！⁶

一个人在面对嘲弄时保持冷静，允许对方拥有属于他的观点和想法，自己完全没有感到受伤害，或者能够保持原有的笑容，这样的人难道不是最有力量的吗？⁷攻击者的攻击行不通了，最终看起来更弱的不正是他自己吗？

这样，就没有人是受害者，也就没有了被欺凌者。只要欺凌不复存在，也就没有了欺凌者。

这就是我想让您看到的游戏目标：获得真正的力量。您觉得难吗？我们一起来玩吧！您将发现，那再简单不过了。

总结

这个游戏的规则适用于主观上的心理伤害。

1. "欺凌存在，是因为它行得通。欺凌停止，是因为行不通了。"

2. "你希望别人怎么对待你，就用这样的方式去对待别人。"让我们注意相互性，同时使用"黄金法则"让形势变得对我们有利。即使他人视我们为敌人，我们也仍以朋友待之，最后他们将宁愿选择停止欺凌行为。

3. "他们有权利这么说（即使他们说的是错误的、愚蠢的、充满恶意的）。"言论自由——让他们行使这个权利，他们就无须为获得这个权利而抗争。

4. "没有人拥有控制别人大脑的遥控器。"我不能按下暂停键，所以不必为此费劲。我的情绪可以不被他们影响，所以不要让他们拥有控制别人大脑的权利。

5. 即使你讨厌我，我也要很愉快。我决定成为快乐的人，我非常有韧劲，别人的话语不能控制我的情绪，因为情绪属于我自己，由我来决定什么时候表达自己的情绪。

如果我们理解了这些规则，就可以根据情况应用它们，或灵活改动其中一些"咒语"。

● 可以举报别人的行为，但绝对不要被别人的话语影响；

◉ 总是把他们当作朋友，用你希望被对待的方式对待他们；

◉ 他们有权按照自己的意愿去思考，即使他们的观点是错误的；

◉ 你要对自己表达出来的情绪负责；

◉ 你不怕别人说什么，因为你很强；

◉ 别人的话无法影响你。

我们要以一种简单的方式将这些规则教给孩子，让他们更容易理解，所以我们玩"傻瓜游戏"！

给成年人的"提醒"：一定要用游戏的形式！

本书中的方法，其核心是"傻瓜游戏"。这是一个角色扮演游戏，结构性很强，让孩子以简单的方式掌握在前文中提到的规则，脱离困难的处境。

我们可以将本书中的方法用到儿童/学生/来访者身上。这些方法系统性强且交代得十分清晰，所以很有效，但我们绝对不会让使用者像"背课文"那样去背诵那些例句，而是要根据每个人的情况和所处的环境去应用。如果你觉得任务繁重，那就花些时间，如有必要再读一读这一章节，至少做一做角色扮演。在接下来的章节中，我将给出其他一些案例。

在此我强调：必须进行角色扮演！如果没有角色扮演，这个方法将无法产生效果。您已经理解了规则，但只是解释规则并不够，案例和理性思维从来不如经验那么有说服力。即使您自己要改进方法，也必须保留与孩子进行角色扮演这一部分。

原因有两点：

首先，这是个游戏！孩子很难接受道德说教或"大师课"。他们是对的，因为一般来说他们很难通过这些形式去记忆。再说，当一个人在困境中时，通常不喜欢别人对他说该做什么，道德说教或"大师课"会让他觉得被评判，自己没有能力，尤其是如果说教的是父母、老师，甚至一个陌生人——例如指出他的问题的治疗师（仿佛问题就在他身上！）。所以，这么做，成功的概率很低。

然而，要是您以游戏玩伴的姿态出现呢？孩子总会接受游戏的邀请，他们喜欢玩游戏，在玩乐中学习。

其次，这是经验！社交能力是通过经验获得的，我们很少因为明白了理论而改变，我们需要情感上的感受去改变思考方式。"傻瓜游戏"就能够让我们真实地经历变化，在做游戏的过程中学习，在感受中记住方法。孩子可能会忘记我们所讲的话，但会记住跟你在一起做游戏时的感受。

即使这个游戏呈现的是如何在危机出现时进行干预，它也能帮助孩子们在没有遇到危机时就做好准备。孩子们可以把在这个游戏中学到的东西应用到生活中，避开其他类型的攻击。所以，这个游戏对孩子来说，是 份宝贵的礼物。

还有，这个游戏很有趣！

第四章

"花时间玩……"
"傻瓜游戏"的具体介绍

"虽然这样的举动很疯狂，但是其中必然有章法。"

威廉·莎士比亚[1]

（William Shakespeare）

---

[1] 英国文艺复兴时期伟大的剧作家、诗人。——译者注

跟孩子玩这个游戏的时候，请使用简单的语言，避免使用欺凌、欺凌者、被欺凌者、攻击者、受害者或其他标签化且难以理解的词语。[1]

建议使用以下词汇：

赢的人和输的人。因为孩子能够感受到他正在失去"领土"，赢回领土的想法会激发他的兴趣。

朋友和敌人。因为孩子更希望别人友善地对待他，甚至成为别人的朋友，而不是敌人。

以下就是游戏的流程：

探索—同理心—推理—强化巩固—提醒—轮到你了。

为了让您找到最适合自己的游戏方式，后文中有详细的流程表和总结图表。

在您实践这个游戏的时候，请保留核心角色，根据自己的情况进行调整。

探索

首先，我们需要问孩子关于事件的一些情况。以下是五个主要的问题：

● 告诉我，现在是谁让你生气/伤害了你/烦你/让你头疼?

● 他们做了什么让你头疼/打扰你/让你的生活一团糟?

● 你觉得他们为什么这么做?

● 你试过用哪些方法制止他们?

● 你想让他们停下来吗?

这五个问题能够让游戏的角色设定更贴近孩子的情况,效果更显著。

第一个问题让您知道是谁引发的,事情发生时周围的情况、欺凌的地点、欺凌者的人数等,可以让游戏的设计更符合实际情况。

第二个问题让您知道该如何在游戏中"模仿欺凌者",还有孩子经历的是哪种类型的攻击。

第三个问题让您知道阻碍孩子前进的认知偏差,也就是说,他很难看到可能是自己下意识的表现让攻击者把他锁定为目标。指出这一点,孩子或许很容易就能改变。

第四个问题让您知道在游戏的第一阶段我们应该如何"模仿被欺凌者"。

最后一个问题是引发孩子的好奇心。这个问题暗示我们有办法,孩子的回答一定是肯定的。虽然我们知道答案，但从孩子的口中说出来，激发了他参与游戏的自主意愿。没有这样的投入，我们什么也做不了。

同理心

现在，我们应该让被欺凌的孩子看到您多么能够体会他的心情，您感同身受。您不需要跟他一起哭，但不能因为您知道该怎么面对，就忽略了他的痛苦。恰恰相反！站在他的立场，表现出我们的同理心，这么做有利于营造充满信任的气氛。例如：

"哎呀，这真的很不容易。我能够理解，这一点儿也不酷。脑子里一直想着这件事，感到痛苦很正常。在你身上发生这样的事，我感到很抱歉。他们不肯停止欺负你，或许你觉得永远不会有解决方法。我明白为什么你前来寻求帮助。"

然后，鼓励孩子！倾听和理解，还不够。他比自己想象的拥有更多的资源！他被辱骂、被羞辱，内心的某些情结被激发了。我们要肯定他、鼓励他；不要说得太过，也不要被看出来您在恭维他，而是要用对话引导他发现自己的内在资源。这样，他更愿意跟您讨论，如果他感受到您的尊重，也将更愿意去改变现状。如果对方是您自己的孩子，那么这正是时候，您可以告诉他：作为父母，您曾经忘记告诉他一些事情！例如：

> "你看，我跟你在一起，你不是单独奋斗。如果你愿意的话，我可以教你怎么脱离这样的处境。我不知道他们为什么看不到你的优点，可是我看得到。你聪明、有趣，是一个很棒的人，你笑的时候很有感染力！如果他们真的认识你，他们会看到你其实非常酷！"

父母还可以这么说：

> "我很愿意花时间跟你在一起。我想到你的时候，会立刻浮现笑容，你是我在这个世界上最喜欢的人！所以我想跟你解释一些事情，你愿意听吗？"

推理

推理这一步可做可不做，但很有益处，可以帮助孩子更好地理解游戏的原理。

如果您愿意，可以在开始游戏前解释一下游戏的原理。为了让孩子理解这些，最好的方式是让他们回答问题，自己组织语言进行记忆。比起您直接提供答案，他们更容易接受自己推断出来的结论。不同于前面的步骤，在推理这一步中，我们要先提封闭式问题，即问题的答案只有两种可能性——"是"或"否"；然后循序渐进地提开放性问题，也就是先提最简单的问题，让他们对自己产生信心，再慢慢地开始推理。这样引导他们，让他们自己思考。这里可能出现两种版本。

版本一："朋友/敌人"
你可以赢得游戏

"你喜欢玩游戏吗？"（喜欢。）

"玩游戏时，你喜欢赢还是输？"（赢！）

"如果不知道游戏规则，你觉得能赢得游戏吗？"（不能……）

"你想学怎么赢得游戏吗？"（想！）

就是这么简单，即使我们不说下面这些话，孩子也能明白。

"关系是一场游戏，你输了游戏，所以感到痛苦。这些事发生在你身上，你是无辜的，因为之前你并不知道这是一场游戏！但这不意味着你做不了任何事，无辜不等于无能为力……而且，如果你学会运用游戏规则，就可以做得更好了！"

关系是相互的

"骚扰你的人把你当作朋友还是敌人？"（敌人！）

"你希望对方把你当作朋友还是敌人？"（朋友！）

"你想学习如何让别人把你当朋友吗？"（想！）

"如果我把你当作敌人，你会愿意把我当朋友吗？"（不愿意……）

就是这么简单，即使我们不说下面这些话，孩子也能明白。[2]

"面对别人的攻击或敌意，我们可能也变得很有攻击性或以敌对的态度回应，这是我们的第一反应，是本能，因为我们在关系的相互性里。然而，如果我们这么做，就给了对方理由继续以同样的关系模式跟我们互动（"如果我把你当作敌人"……）。而我们想要的，是攻击者停止敌对行为，即他们表现出友善。为了达到这样的目的，最好的解决方法就是表达友善（把对方当作朋友，让他们产生友善的想法）。"

孩子能够理解是什么让关系持续下去，因为我们的问题是:"如果别人把他当作敌人, 他会怎么做……"

你可以改变角色

"或许你会问:'为什么是我? 为什么他们继续这么做?'"

"他们这么做时, 你的反应是什么?"

"你是怎么对待他们的? 把他当朋友还是当敌人?"

就是这么简单, 即使我们不说下面这些话, 孩子也能明白。

"如果欺凌只是偶尔发生的事, 那事情就简单多了。可问题恰恰就是: 为什么他们持续这么做……"我们需要知道答案!

"不是因为一个标签、一个身份(因为我很丑/胖/弱……), 而是因为互动模式, 也就是因为关系。"

———小窍门

在这个阶段, 不需要特别强调"啊, 你看! 你把他们当作敌人, 他们当然反击了!", 因为我们的目的不是让孩子愧疚, 而是让他们明白游戏规则。

如果他们认为第三个问题的答案是"当敌人"就足够了，我们一笑而过，表现出"我知道了"，就是一种"我有办法"的感觉，我们就赢得了孩子的心。"傻瓜游戏"会继续说服他们，并给予他们力量。

版本二:"赢/输"

至少, 我们应该让孩子知道:

关系是一场游戏, 如果我们被影响, 就输了

"他们这么做（说你胖/同性恋/残疾……）, 是为了让你开心还是为了伤害你?"

"确实, 是为了让你痛苦。所以, 如果你真的感到痛苦, 浪费自己的生命, 那他们觉得自己赢了还是输了?"

"就是这样。那么你呢? 当你觉得这一天因为他们糟糕的行为被毁了, 你觉得你赢了还是输了? 是的, 所以, 当他们辱骂你, 你觉得受伤, 你的一天被毁了的时候, 他们就赢了, 你输了, 因为是他们在支配一切。"

如果我们没有因为他们所说的话或他们的挑衅而受伤，我们就赢了

"然而……想象一下，如果你没有生气，没有受伤，你知道会发生什么吗？他们就输了，你赢了；他们看起来很傻，而你值得尊重。假设情况是这样的（您可以举个例子）。你看到差别了吗？"

"我知道你（对于自己的体重不是很满意/受够了自己的残疾，他们每天都因此嘲笑你）……这真的非常不容易，但如果你明白他们所做的就是为了让你生气/难过/惧怕，那你就可以做些什么了……"

"如果你现在、此刻就决定：不管他们对你说什么，你都不生气，不要因为他们坏而毁了你的生活；如果你决定不给他们这份'礼物'，不给他们机会看到你输了而得意扬扬，会发生什么？"

"你想赢吗？……我们玩一下这个游戏吧？……"

强化巩固

这是关键的一步。

不管我们是否向孩子做了充分的解释，孩子都能够用一个原则在游戏中理解所有的规则!

"好，那我跟你玩一个游戏。这个游戏会让你知道他们骚扰你的真正原因，还有怎么阻止他们。你感兴趣吗？"

在这里，我们希望得到孩子的"承诺"。最好能够获得孩子的口头同意和非口头承诺。例如，孩子嘴上回答"是的"，同时点点头，而不是嘴上说"是的"，却低着头、眼神飘忽不定。孩子越坚定，游戏的效果就越好!

"很简单。游戏的规则就是你骂我，而我得让你停下来（你扮演坏同学的角色欺负我，我扮演你；他们怎么骂你，你就怎么骂我，而我得让你停下来）。而你，不能让我成功，因为你得演得像坏同学，想的就是继续骚扰我。如果你能够一直说下去，你就赢了；如果我让你停了，我就赢了。好吗？不要担心，不管你说什么，我都不会受伤，你可以放心地说。因为这只是个游戏，我们的目的是让你在这个游戏中表现得尽可能地好!"

我们也可以重复一下核心规则：

"千万不要让我阻止你，千万不要!"

我们现在通过一个例子来解释游戏的后半部分。

12岁的初二学生巴西勒筋疲力尽，他每天都在课间休息时被嘲笑、侮辱。他的成绩开始下滑，他经常把自己关在房间里，跟爸爸妈妈吃饭时情绪容易激动，尽管一般情况下大家都觉得他"非常友善"。他有个双胞胎姐姐，姐姐跟他不在同一个班级，没看到具体发生了什么，只觉得弟弟正在疏远她。她提醒爸爸妈妈应该"让他说一说怎么了"。

事情始于一个"很受欢迎的男生"在巴西勒玩神奇宝贝卡片时跳出来吓了他一大跳，大家认为这些卡片是小孩子的玩具。渐渐地，取笑他的声音越来越多，每次他去操场时都会听到"小宝宝""蠢才""智障""白痴""马屁精""大蠢猪"……这些辱骂十分暴力，反复被羞辱让他不知所措，他沮丧极了。他每天去学校都很害怕，他的妈妈很伤心，爸爸很生气。

巴西勒没有感受到身体暴力的威胁，他们从来没有打过他，但他真的不想再去学校了。

通常，他的回应都是试着让他们停下来——"别闹！"，努力为自己辩解或骂回去，但情况却越来越糟糕。他彻底成了众矢之的。

通过封闭式问题，我让他看到他的态度是同学继续嘲笑他的一部分原因，尽管这并非他所愿。他为自己辩护，嘟嘟囔囔地让他们停下来，威胁他们要去告诉老师，但这些只是向攻击者证实了他就是个小孩子……

他意识到了这一点，但不知道该怎么做。

所以，我提议一起玩"傻瓜游戏"。我从游戏中可以看出，他模仿学校里那些欺负他的人，他模仿得非常好。

第一阶段：成年人扮演受害者的角色 (摘录)

巴西勒 (以下简称"巴")：嘿，小宝宝！

我：哎！别叫我小宝宝！

巴：哈哈哈，我就这么叫，智障！

我：哎！停下！

巴：哈哈！玩神奇宝贝的小宝宝！白痴！

我：停下！你才是白痴！

巴：哦，你生气了？智障，走吧！

我：停下，不然我去告诉老师。

巴：小马屁精！你要去你妈的怀里哭一会儿吗？嘿，你妈的……

我：哎！别提我妈妈！我要你……

巴：哈哈哈，你要我什么？要打我吗？小智障什么都告诉他妈妈。

我（狼狈地）：你为什么这样烦我？

巴（越来越高兴，几乎要笑了）：你一个朋友都没有，没有人愿意跟你这样的白痴一起玩……

我：你瞎说！我有朋友！

巴：你那群幼儿园的朋友？哈哈哈，都是马屁精，跟你一样……

第一阶段解释

您可以提议自己扮演防守方，建议孩子按照自己所经历的话语或其他话语攻击您。提醒他这是个游戏，您不会因为那些话语而感到生气。

━━━━小窍门

如果他不知道怎么骂人，告诉他您自己容易被开玩笑的点是什么，您肯定能找出一些。相信我，在这一点上，孩子很容易看出您所有的"小情结"，可能比您自己看得更清楚，并且很容易"击中靶心"，这是训练您接受自我嘲讽的好机会！

如果您不想让他辱骂您，那么让孩子模仿被

欺负的人，而您自己扮演欺凌者。注意，在扮演的过程中不要羞辱他。

如果他找不到合适的语言，如果他没有任何想法，您可以告诉他直接把您当傻瓜就行。这个游戏的名字——傻瓜游戏——就是这么来的。

如果他无法开始游戏，让他放开玩很重要，要不断提醒他这只是个游戏，您绝对不会生气，他也不会因为"没有好好跟大人说话"而被惩罚。

如果他一直不停地说"白痴白痴白痴白痴，你就是大白痴"，不给您说话的机会，您可以提醒他停下来换一口气，这样才能更好地理解游戏的原则，他可以像跟别人说话那样玩这个游戏、等您回答，让您有机会阻止他说侮辱的话。

您的任务就是"试着让他停下来"。

要么扮演受害者：

"停下！呃……你这样不好！为什么你这么说？我对你做了什么？我要去告诉老师！别那么坏！不要这么说！你没权利这么说！"……

诸如此类。要么就以生气的方式，孩子的反应基本都是这样。即使孩子平常不是这样反应，一旦您感受到孩子的状态变得开放（他开始觉得游戏很有趣，看到您自我保护的样子就笑了，觉得好玩，开始找别的辱骂的话……），您就可以开始了。

"哦，停下来！不然你看着吧，我要生气了！还有，我会跆拳道，你可得小心了！哼！"

这时候，您的任务就是表现得有点儿"可笑"，动作不协调，脸红气短，整个脸因为生气膨胀了似的……孩子笑得越厉害，效果越好！

小心：千万不要骂回去（除了类似于"你才是"这样的句子，这样能够表现出您没什么骂人的经验），不要把游戏变成辱骂大赛！孩子来找您不是为了被辱骂，而再一次成为受害者。[3]第一阶段的游戏目的不是让他输，而是让他赢，让他稍微感受一下攻击者的心情。简单地说，我们要做的就是努力阻止他骂人，而不是居高临下地压制他。

在这个阶段会发生什么？孩子将找回自信，他发现骂人非常简单，而且辱骂这种方式行得通！他感受到继续骂下去非常容易、有趣，就会尝试继续辱骂。接着，您越试着去阻止他，他就越想继续骂。如果他得心应手，甚至笑了，那就太好了！

中间阶段: 孩子赢了, 提出挑战

我: 好吧, 你赢了, 我放弃! (两个人一起笑。)恭喜你! 告诉我: 如果你想骂我, 我能阻止你吗?

巴: 呃……不能, 我总能继续骂!

我: 真的……那么, 我们再来玩一次, 好吗?

巴: 好!

我: 你骂我, 而我必须阻止你。如果你想赢, 我能强迫你停下来吗?

巴: 不能……只要我想继续……

我: 是的, 如果你想赢, 我不能阻止你, 不是吗? (巴点点头同意。)但我要阻止你, 而你不能让我成功, 因为那样的话, 你就输了, 我就赢了……

巴 (笑了): 好的……

我: 我没办法阻止你, 嗯? 我可以做到的……可你千万不要让我做到, 好吧? 我要开始了……

巴 (又笑): 好!

中间阶段解释

几个回合后, 您宣布放弃:"好吧, 我放弃, 你真的太强了……"在胜利、正面、被肯定的氛围中, 孩子将有更

多发现。

我们必须先完成第一阶段的角色扮演。请不要直接进入第二阶段，因为如果这样做，就等于直接炫耀您的能力！

只要孩子还站在受害者的位置上，对自己没有足够的信心，如果我们问他："那么，我可以让你停止吗？"他会回答："是的。"因为他觉得自己没有能力。

而现在，我们可以问他一些问题（其中一些是重复性的），让他确认自己胜利了，然后再提出挑战。

第二阶段：成年人不再扮演受害者的角色

巴：嘿，小宝宝！

我：嘿，你好吗？

巴：呃……好啊。怎么样，白痴？

我：啊，你觉得我很傻？

巴：是啊，还是马屁精。

我：啊，好吧，你是这么说的。

巴：呃……好，你看看你自己，现在看起来就很傻。

我：啊，你这样认为吗？我真希望跟你一样又聪明又酷。

巴：呃……好吧，你智障的脑袋绝对不可能赶得上我！

我：啊，那好吧……

巴：啊？你同意你是个智障？

我：呃，我不知道，我想我们都是同龄人，如果你觉得我做的事情有点智障，你愿意的话，可以这么说。

巴：好，就是的，你总是做蠢事，还穿得那么土。

我：啊，真的吗？我妈妈给我挑的衣服。

巴：哈，你妈妈，给你买这样衣服的人真是大蠢猪。

我：啊，好吧。我不像你，总是有好看的衣服，真的。

巴：啊，好吧，呃……你踢足球总是输。

我：嗯，踢球我确实不总是赢……我理解为什么你总是不选我当你的队员，我可能会让你输掉比赛。

巴：是的，我才不跟你一队！

我：好，只要你想这么做，没问题……

巴：呃……好吧。呃……我不跟你说了，小宝宝。

我：好……没问题……

巴：妈妈的小白痴。

我：好，你说过了，没问题。

巴：……

我：祝你一天愉快！

巴：呃……好吧……呃……再见！

我：再见，下次见！

巴：……

我：你放弃了？

巴：是的，我不知道该说什么了……

我：无论如何，恭喜你！你坑得非常好！

第二阶段解释

再玩一轮游戏。这一次，将使用"黄金法则"，保持平静、礼貌，容许他想自己要想的，表示认同，使用"万能答复"的技巧(将在本书第五、六、七章中介绍)。

很快地，孩子发现自己没办法了，即字面上的意思——他不知道该说什么了……

这时，就问问他（和善地问，公平游戏，而不是"展现您的力量"）："你放弃了？"

━━━━━小窍门1

再玩一次的时候，采取平静放松的姿态。您可以放松地坐在椅子上，平静地看着孩子。如果您愿意的话也可以把双腿交叉，但手臂不能交叉放在胸前（这是自我封闭的信号），放松；如果您是站着的，可以把手插在口袋里……吸气、呼气。现在，您对辱骂无感了，彻底成了绝缘体。您不会因辱骂而生气、心怀怨恨，而是带着充满爱意的笑容去面对跟您说话的人吧！

━━━━━小窍门2

即使您已经不再受影响，有些孩子可能还是会坚持继续骂您。在这种情况下，您可以回答："哇哦！你真的太会骂人了……我相信你可以骂一整天……但是你觉得自己赢了吗？"

他肯定不觉得，他骂得痛快，但既然您不受影响，他就输了。如果孩子不顾实际情况，还是"觉得自己赢了"，您就可以这样问他："是吗？如果这个房间里还有别人，你觉得他们也认为你赢了吗？"又或者："啊，你觉得你比第一次赢得多还是少？（或第二次应对得比第一次好还是差。）"

游戏复盘

DIGERA：用封闭式问题去理解

出于同样的理由，我们用封闭式问题去复盘游戏。当然，这些只是例子！讨论的过程要自然，不是按照公式去问问题，那样做无法吸引孩子的注意力。

"好，我们玩了两次这个游戏，对吗？第一次和第二次，是这样吧？这两次非常不同吧？"

我们想表达的是：对同一件事可以有很多种反应方式，所以没什么能迫使我们非那么做不可。

下面我想用DIGERA这几个首字母缩写组成的口诀，帮助您记住复盘需要的六个主要问题。

D——有趣 (Drôle)

"两次中的哪一次比较有趣，第一次还是第二次？"（第一次。）

"第二次没意思吗？"（是，没什么意思……）

"确实，甚至很无聊……事情开始变得无聊时，我们就不想继续下去了，难道不是吗？"

我们想表达的是：选择"好目标"，事情就很有趣；"猎物"不好玩的时候就很无聊了。

I——傻瓜 (Idiot)

"第一次谁看起来比较傻，第二次呢？"

"是的，当你努力让我受伤，而我完全没事的时候，你看起来像个傻瓜……"

我们想表达的是：你想让自己还是对方看起来像个傻瓜？

G——赢 (Gagné)

"第一次谁赢了，第二次呢？"

"我想生气的时候，反而输了；但我没觉得被伤害的时候却赢了……很奇怪，对吧？"

我们想表达的是：越是努力反抗，我们就越是无法赢得这个游戏。

E——努力 (Efforts)

"哪一次我更努力去制止你？"（第一次。）

"第二次我是不是很费劲？"（没有……）

"只是让你做你想做的，容许你说你想说的，需要很努力吗？"（不需要……）

"是的，显然不需要。比起制止对方所需要付出的努力，这么做简直毫不费力，你轻松赢得了游戏……"

我们想表达的是：赢得游戏不需要肉眼可见的努力；而输掉游戏却需要筋疲力尽，结果还是毫无所获。

■■■■小窍门

如果孩子的回答是"第二次"，我们可以这样回复："啊，真的吗？你觉得我看起来是这样的？"然后重复游戏中的回答，但需要表现出费劲的样子：肌肉紧绷、呼吸急促。"啊，你这样认为吗？好吧，只要你愿意，你

可以这样认为！"表现出咬牙切齿、生气的

样子……"不是的，我看起来更像是这样的"，

同样的答复，但以放松的姿态说出来。

R——尊重 (Respect)

"哪一次你可能会更尊重我？"（第二次。）

"第一次你会尊重我吗？"（不见得……）

"嗯，是的！即使我反应很激烈，即使我保护自己，你还是不会尊重我，因为我的样子有点儿傻、很无助！第二次，我不仅没有自我保护，还同意了你辱骂的话，我还自己骂了自己……可你却更尊重我！"

我们想表达的是：很多人都不会尊重表现出受害者姿态的人。

■■■■小窍门

不需要逼孩子辱骂自己。一般情况下，我们可以委婉一些，既不需要自我保护，也不需要辱骂自己。

例如："我有时确实会做一些比较白痴的事……""啊，你觉得我看起来……有时候别人会说我这样……""啊，是的，有时候我确实会这样……你不觉得这样太过分了吗？"

请您注意，我们不是接受对方的辱骂，也不是为了让对方高兴而改变自己！对方只是有权利这么想，这样他就不再需要"为了把自己的想法强加给别人而抗争"，因为没有人为了禁止他这么想而抗争！

如果孩子不知道该怎么回话，也没有关系。即使我们只是辱骂自己，我们也赢了，总之比反击好多了。

"你真蠢！"

"啊，你这样认为……好吧……"

"好吧？你认为自己很蠢？"

"是，我真的非常非常蠢。"

"呃……好吧，再见，蠢货。"

"再见！"

……

A——朋友 (Ami)

"第一次,我把你当作朋友还是敌人?"（敌人。）

"第二次呢?"（当作朋友。）

"哪一次你不想再骂我?"（第二次。）

"很明显,对于把我们当朋友的人,我们很难一直充满敌意……"

我们想表达的是: 把对方当朋友对待。

解释和鼓励

至此, 最主要的内容都已经讲清楚了。后面几章将讲到"万能答复",这不仅让孩子总是有话可以说、可以解释,还能帮助孩子更容易记忆（请特别参考附录）。

我们也需要跟孩子解释: 真正保持冷静是件很难的事, 他可以假装冷静, 只因为他知道这样做有用。假装一段时间以后, 就会成为习惯。懂英语的人一定知道一句俗语:"假装, 直到你做到为止!"（Fake it, 'til you make it）

或者我们也可以跟孩子说: 我们理解他不想对那些人表现得那么友好。他是对的, 那些人配不上我们的友善;他们甚至都会自问:"哎, 他怎么做出这样的反应？正常情况下，他不应该对我们这么友善啊！"这样，他们就会停止骚扰——这就是我们的目的。

请告诉孩子：我们能理解他们想生气、想报复，而不是表现得友善，但最好的反击是不被对方伤害，让对方产生无力感，这样孩子才可能被尊重、被羡慕。

或者可以在游戏的过程中说一些您喜欢并能让他改变观点的话。

提醒

现在，我想提醒大家非常重要的两点。

第一点，情况在好转之前会变得更糟

"太棒了！你玩得非常好！现在你明白怎么做了吧？好，现在，你需要知道一件非常重要的事。一开始，就是在事情平息之前，情况可能会变得更糟糕。骚扰你的人不会马上停手，他们看到你没觉得受伤，他们的辱骂起不了作用，以为你在假装，就会变本加厉，说出更恶毒的话！你需要为此做好准备，不要放弃，最重要的是记得：前后态度要一

致。这样一段时间以后，他们会发现你真的毫不动摇，他们就不再打扰你了。"

第二点，每一次你都必须这么做

"另一件事，就是你必须每一次都这么回答，是100%，而不是99%！如果你只是经常用这种态度，而没有总是用这种态度，那他们就觉得只要坚持下去，骂人还是行得通的。他们就会变本加厉地骚扰你！所以你需要总是以希望别人怎样对待你的方式去对待他们，直到他们的骚扰——真的，彻底停止了。"

轮到你了

现在，终于到测验的时候了：转换角色，带着孩子练习。

"好，现在你都理解了。接下来，我想带着你练习怎么做才能不被对方伤害。我希望我们再来玩一次游戏，不过需要转换一下角色。我扮演辱骂你的角色，而你需要试着让我停下来。你知道怎做吗？"

从这里开始，我们进入"轮到你了"这个阶段。这不是骂脏话比赛，也不是语速竞赛，请强调这是个游戏，没什么可生气的，您只是想让他尽量做好练习。游戏的内容确实就是毫不留情地辱骂，因为这真的就是游戏，而且他现在已经知道该怎么玩了。如果您感受到孩子有哪怕那么一点点不舒服，请不要犹豫，直接告诉他这只是个游戏，然后再继续辱骂或重新从"傻瓜"这个概念开始。

"啊，我年轻的朋友，我觉得你真的是个傻瓜！"

"是吗？哦。"

"什么意思？我跟你说，你是个白痴、蠢才！"

"如果您坚持这么说，没问题。"

"还有，你丑死了！"

"啊，我真希望自己漂亮一点，但是，算了。"

"是的，算了。再说，人们都觉得有其父必有其子。你知道我是什么意思吧？"

"您的意思是我爸妈也很丑，是吗？"

"就是这个意思。丑爸妈生出丑孩子，不

稀奇。"

"哈，我还跟我妈长得很像呢，所有人都这么说！"

"肯定是这样的。而且你成绩一定很烂！"

"我数学学得尤其不好。"

"哈哈，你看。"

"嗯，是啊，我确实不太懂老师讲的内容。"

"所以你就是个白痴。"

"您刚才已经说过了。谢谢。如果您这么觉得，没问题。"

"没问题，什么意思？谢谢，什么意思？我把你当作白痴……"

"嗯，您可以说我是白痴，说任何您想说的话，我不在乎。"

几个回合之后（没必要让游戏一直持续下去，您将发现游戏很快就进行不下去了！），您需要主动停止游戏，并且祝贺孩子！

"好，我放弃了……谁赢了？"（我，因为您放弃了！）

"是的。恭喜您！谁看上去更像傻瓜？"（您！因为您没办法伤害我！）

"确实如此，我看上去巨傻无比！您是怎么做到让我看起来很傻的？"（呃……我什么也没做！只是让您说而已。）

"确实，什么都不做就能赢！这样保持冷静，不容易吧？"（不容易，嗯……还行吧……）

"是的，只要我们知道怎么做，事情就变得容易多了。好，我们需要知道，实际面对他们时会困难一些，因为他们让您感到害怕，你还不习惯。但一开始，你必须假装冷静。假装一段时间之后，您会发现越来越容易做到了。好好练习，一直假装，直到那真的成为你的态度！只要记住：千万不要生气，千万不要被伤害，把他们当作朋友！要每一次都这么做！"

有时在孩子离开之前，站在门口的时候，我会再问孩子一次，并且鼓励他：

"你刚才的表现让我印象深刻，你做得很好！当别人骂你的时候，你就这么做，好吗？保持冷静、友善。"

"你可以每一次都这么做吗，甚至假装这么做？情况在好转之前，也可能变得更严重，你能忍受吗？"

"一定要挺直腰杆！只要坚持，就一定会有效果。你可以做到！我已经看到你的能力了，你玩得很好！"

摘要卡

探索　　告诉我现在什么事情让你烦恼。

他们怎么骚扰你？

你觉得他们为什么这么做？

你做了哪些事阻止他们的行为？

你希望他们停下来吗？

同理心　　接纳

鼓励

推理　　这是为了赢得游戏（不知道游戏规则，能够赢得游戏吗？）

我们的关系是相互的（谁把谁当作朋友/敌人？）

转换角色（他们的反应是什么？他们的反应意味着什么？）

如果我们感到受伤，就输了（他们为什么这么做？那会给他们带来什么？）

如果我们没有受伤的感觉，就赢了（想象一下用另一种方式回应，结果将如何？）

强化巩固　傻瓜游戏

第一阶段：治疗师（父母、老师等）扮演受害者

中间阶段：肯定孩子获得的胜利并接受挑战

第二阶段：治疗师（父母、老师等）应用"黄金法则"

游戏复盘　DIGERA

鼓励/解释/附加奖励

提醒　情况在好转之前将变得更糟

必须每一次都这么做

轮到你了　测试

当然，最好的做法是按照整个流程做一遍。如果实在不行，请记住最重要的部分，其基本原则是两次扮演被欺凌者。第一次为自己辩护，让孩子感受到这么做鼓励了欺凌行为；第二次使用"黄金法则"，保持冷静、微笑、友好，让孩子感受到这么做反而抑制了欺凌行为，欺凌者会放弃欺凌。然后以提问的形式进行解释，提醒孩子必须每一次都按照这种方式去做，

即便一开始情况可能越来越糟。[4]

当孩子使用了这种方法之后，局面很快就会失去平衡。即使被欺凌的人没有反击，欺凌者很快就会看起来像个傻瓜，即使他可能再次欺负被欺凌者，但最终总会停止。因为停下来才能让欺凌者成为赢家，继续下去对他毫无益处。这就是双赢的局面。

被欺凌的孩子不再是别人的目标，他不再显得那么脆弱，大家尊重他，他显得更平静。甚至他变得更受大家欢迎，因为绝大多数人都希望靠近不会伤害自己的强者，都想与友善的人成为朋友。

使用这个方法之后，几乎所有的欺凌案例都在两周内"结案"了，有些甚至在一次、两次之后就立刻结束了。

现在，我们知道面对欺凌该用什么心态、该如何反应，还有该避免哪种态度。我们知道如何通过游戏扭转局势，但该怎么思考、具体怎么说需要根据不同的攻击类型，应用"黄金法则"，回答哪些是有效的，是能够制止攻击的。

从下一章开始，本书将用"决策树"列出针对所有可能出现的情况应采取的具体回应方式。

万能答复

我们被欺负的原因只有三个。

没有十个、一千个或无穷多个，只有三个。

支配：攻击者想通过贬低他人提高自己的地位。

幽默：攻击者把他人当作笑料，嘲笑他人。

受过伤害：攻击者因为某事受过伤害而想报复他人。

面对某些欺凌，我们需要友善、平静地回答。好吧，但是……回答些什么呢？

把欺凌分为三类，能够让我们在脑海中牢记决策树。接下来几章将详细地进行说明，帮助您判断自己处于哪一种类型的关系中；在所列出的十二个简单答复中，您将能立刻找到一个适合当下情境的答复。

您的反应将更快、更有效、更精确。

此外，您还将看到一些特殊的例子：关于网络欺凌、谣言、小集体中的辱骂和区别对待、排挤……应对这些情况，都有神奇且正确的答复。

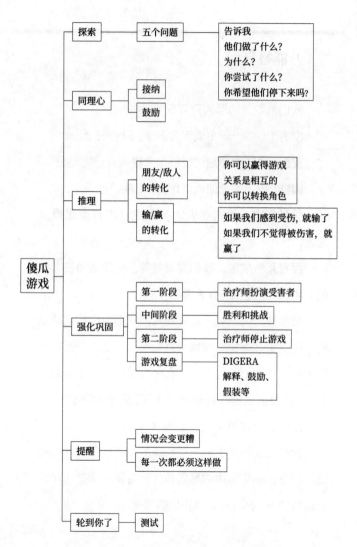

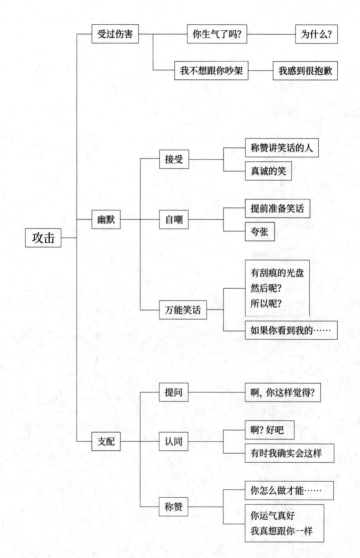

第五章

$\bullet\!\!\rightarrow\!\!\bullet\!\!-\!\!\bullet\!\!-\!\!\bullet\!\!\leftarrow\!\!\bullet$

"你以为你是谁？"
支配：他想贬低我吗？

$\bullet\!\!\rightarrow\!\!\bullet\!\!-\!\!\bullet\!\!-\!\!\bullet\!\!\leftarrow\!\!\bullet$

"从后面领导，让其他人相信他们在前面。"

纳尔逊·曼德拉[1]

（Nelson Mandela）

---

[1]　南非著名的政治家、慈善家、诺贝尔和平奖获得者。——译者注

这种形式的欺凌如何表现？

人们通常认为欺凌者的动机是希望获得在社交中的权利、在集体中的领导地位，因此他才在最弱小的人面前展示他的力量。[1]这是大众最熟悉的欺凌模式 (但不见得是最常见的)。

这种类型的欺凌以辱骂、话语暴力、恐吓、强迫、排挤、比较等形式出现。

被欺凌者需要有的心态：不要为自己辩护，不要反击，也不要让对方看出来自己受伤了，否则对方就赢了。给他表达的自由，他有权利爱想什么就想什么。我可以在另一个场所表达自己的情绪。没有人拥有控制我大脑的遥控器，我自己可以决定对自己的看法。除了我谁也无法让我觉得自己低人一等。话语不能伤害我，尤其是在面对这种攻击时，我需要对坏人尽量保持友善，虽然听起来矛盾，但很有效。这样做他们就会停止攻击。

如何回答?

提问/认同/称赞

提问

我们的第一个建议,也是首先需要做的事,那就是提问。如果有人对您说了充满恶意的话,请以提问来回应。

"啊,是吗?你这样觉得?"

"啊?是什么让你这么说的?"

为什么以提问的形式回应?

● 没有强迫他人,却……改变了力量关系!如果有人对您恶语相向,他就是希望您有所反应。如果您提出一个问题,就是您期待他回答。您通过提问以无攻击性的形式重新掌握了主动权。

● 争取到缓冲的时间,并好好思考下一句应对的话,思考您与对方的关系(支配/好笑/受过伤害)。

● 争取到时间让您想起重要的事(很多来访者都用提问这样的"条件反射"想起自我鼓励的"咒语")。

● 提问表达的是惊讶,而惊讶是中立的情绪,这样就避免表现出害怕、愤怒、伤心的情绪或具有攻击性。

◉ 提问表现出对他人的好奇！如果您好奇对方所说的话，给予对方说出来的权利，他就不再想反驳您了。而对方若需要解释、证明自己的观点，就不会再攻击您。

◉ 这是讨论的开始。当我们开始讨论的时候，争吵的可能性就降低了。

"你觉得我穿搭很难看？什么让你这么觉得？……啊，是吗？……啊，我身上的衣服很娘吗？"

我不为自己辩护，我不攻击人，我平静地让他站在需要为自己辩护的位置上。由于这个位置一点儿也不好玩，他很快就不再欺负我了。

认同

实际上，我们认同的不是对方的观点，而是他有这么说的权利。这两者非常不同，但欺凌者看不出来，而且这么做会让欺凌者感到惊讶。

"如果你这么说。"

"啊，是吗？好吧。"

"有时，我确实会这样。"

这很简单，而且可以一直重复到对方停止为止。

如果对方辱骂的内容只是给您贴标签，我们可以不承认自己是那样的人，而是说有时候会这样。

"你是傻瓜！"

"有时，我确实会做些傻事。"

"你穿得简直太糟糕了！"

"有时候，我确实不太注意自己的穿着，确实如此。"

如果您很擅长玩游戏，您可以把提问和认同结合在一起，让对方放下"武器"，缔造和平。

"哦，小子，你穿的鞋子是冒牌货……"

"从哪里看出来是冒牌货？"

"噗，一眼就看出来了！"

"啊，是吗？好吧。"

"呃，你又胖又丑。"

"啊，你这样觉得？好吧。"

这是最好的回答方式。我们可以一直把对话进行下去，通常对方很快就没什么可回应的了！

称赞

小心，这是冲击力很强的"武器"，而且用法再简单不过了。称赞一个正在侮辱我们的人会让他措手不及。而且很简单，我们甚至可以教很小的孩子使用比较简单的版本，即直接赞美；对于年龄较大的孩子，我们可以用间接的称赞(你真幸运……/你是怎么做到……的)。

"你，你可真丑！"

"你，你真漂亮！"

"天，这发型到底是什么东西？"

"啊，你觉得我的发型很丑？"

"丑死了，太可怕了！就像你本人一样！"

"我真希望像你一样，你总是那么有型……"

"呃，是的，我总是很注意这一点，不像你。"

"真的，你怎么做到每天都这么有型的？太酷了……"

千万不要带着嘲讽的口吻说这些话！您可以试试辱骂称赞您的人，您就会发现很难对充满善意的人表达恶意！难到一定程度，欺凌者甚至"宁愿"成为对方的朋友、保护者，就是这么神奇！

"哎呀，你还在拖，慢吞吞地写不完作业？"

"是的，你写完了？你运气真好，已经写完了……"

"呃，好吧，作业很简单……"

"啊，你觉得很简单？我常常花很多时间！你理解得这么快，真厉害啊！"

"呃……你想让我给你解释解释？"

"哦，那就太好了！谢谢！"

"哈！小屁孩，你知道我能揍爆你吧！"

"哦，是的，那是肯定的，我没任何机会赢你，你太强了！如果我被人揍了，那可一点儿都不好玩了！"

"是……呃……好吧，如果有人烦你，你找我，好吧？"

注意：一些人觉得认同（对方有这样说的权利）或赞美对方是屈服了，而事实正相反，只要对方停止了攻击行为，我们就赢了。我们不承认对方拥有如此说话的权利，并因此而生气，屈服于攻击者的系统，那样我们就输了。

为了使这些答复充满力量，请不要表现出失败者的姿态。请在镜子前练习，保持平静、微笑、放松，正如某位著名的心理学家所说[2]："挺起胸，站直了！"

总结

"啊，你这样认为？有时我确实会这样……好吧，是的……你运气真好……"

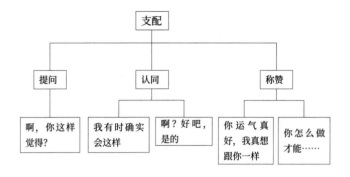

案例

我的几位来访者在理解了支配型的"傻瓜游戏"之后，向我复述了他们是如何面对欺凌者的。以下是五个简单的对话示例。

案例①

约瑟夫每个星期都会被人嘲笑穿着，在使用了几天"黄金法则"之后，最终有了类似以下这样的对话：

"呃，你又穿得这么穷酸？"

"啊，你这样觉得？"

"是的，太丑了！"

"啊，你不喜欢是吗？好吧，我有时候穿得不怎么样，确实……"

"真丑，地摊货，根本就没有牌子！"

"我爸妈确实比你爸妈穷！"

"是，真穷酸……呃，就是有点儿……不……"

"嗯，不好看，你觉得。我妈妈不怎么会挑衣服！"

"是的，呃……你妈把你打扮得像个乡下人。"

"你就不一样了，我很喜欢你的毛衣！"

"呃……谢谢！"

"哦，不客气！你在哪里买的？"

"在……你绝对买不起！"

"啊，好吧，它真好看。"

随着对话的进行，欺凌者的"朋友圈"慢慢散了（因为眼前的场景一点儿也不好笑）。其中一个跟随者对欺凌者说："走吧，差不多了，让他一个人待着。"

案例②

卡洛琳，一个初中女生，因为平胸而被人嘲笑！那个欺凌她的女孩骄傲地展示自己的身材，而我的来访者自觉羞愧，把平胸隐藏在大毛衣里面。她自己不觉得平胸是个问题，她接受了现实——自己家族里的女生都是平胸，所以她也有可能这样。然而，一整天都听到别人说她平胸，她终于开始纠结了。她试过阻止欺凌者，让对方闭嘴不要再烦她：

"嘿，别说了！你为什么嘲笑我！"

或是假装忽略她：

"关你什么事！"

最后，她生气了：

"现在给我停下来，好吗？你让我很生气！"

显然，这反而让那个为首的欺凌者觉得更有趣了！当卡洛琳告诉她妈妈自己想丰胸的时候，妈妈非常无奈地带她来见我。

我首先尝试了在一本书里读到的方法，让她以稍微犀利的方式回应.

"而你，在乳房和大脑之间，你做出了选择！"

这样的回应有一定的效果，但是对方在讶异了几秒之后大笑起来：

"哈哈哈！她生气了，平胸小姐生气了！"

然后我们就玩了"傻瓜游戏"，我向她解释了规则。她说："我得很努力才能做到称赞她！但如果这个方法可行的话……"

第二天，她们之间的对话差不多是这样的：

"哟，还是平胸啊？你的胸昨天晚上没长出来吗？"

"没有……你真的觉得我的胸部完全是平的？"

"对啊！你就是飞机场，哈哈……"

"真的，我几乎没有胸……"

"对啊！完全没有！哈哈……"

"你运气真好，你的，你的胸很大！"

"什么？呃……是的。你嫉不嫉妒？"

"不嫉妒，不……"

"看看你穿的衣服，没人想多看你一眼！你不想让人看出来你没身材，可我们一眼就看出来了！没有胸，你永远不是个真正的女人！你永远交不到男朋友！"

我提前告诉过卡洛琳，在骚扰停止之前，她们会愈发尖酸刻薄，但是一定要坚持住。

"嗯，这我不确定。但无论如何，你真幸运，你胸这么大，一定有很多男孩子喜欢你！太酷了！"

"是，是这样的……"

"真的。我很希望像你一样，不过没关系，算了！"

欺凌者的内心失去了平衡，此后再也没有骚扰过她。

"她确实让我很痛苦，我反击说她胸比脑大，但事实不是这样的，她也没那么笨……然后，我说她的胸部吸引了很多男生，事实也不是这样的，男孩子都很怕她，因为她很烦人。其实她可能过得并不好……"

从那以后，卡洛琳穿的衣服颜色鲜艳了点，不像以前那样故意把身材隐藏起来；她也更容易交到朋友了，因为她不再是班上某个坏女孩的笑柄。

案例③

接下来是一个欺凌性质较弱但效果显著的案例。丹尼尔是一名小学生，班上有个女同学艾娃总是叫他"小气泡"，他很气恼，就进行了反击，叫她"小泡泡"，有时也不理她，或跟她强调"小气泡"不是他的名字。显然，这些反击没有任何效果！

我们不明白这个绰号到底是从哪里来的，使用针对"嘲笑"的工具也有点困难，所以我们决定以最简单的方式来处埋。

"嗨，小气泡！"

第二天，当艾娃这样跟丹尼尔打招呼时，他转向她，对她笑了，真诚地跟她说话。

"你好，艾娃，今天一切都好吗？"

她有点儿蒙了，友好地回答了丹尼尔，然后再也没叫过他的绰号！

几个月后的一次变装派对上，主持人要孩子们一对一对拍照，例如蜘蛛侠和蓝精灵、小叮当①(Clochette) 和姆巴佩(Mbappé)……在其中一张照片上，就有海盗丹尼尔和公主艾娃。

"是她来找我，拉着我的手拍照的！"

更糟糕的情况是嘲笑别人残疾，这种不公平的现象让人愤怒。但是，我们希望唤醒攻击者的什么感受？后悔，甚至愧疚？若我们攻击性很强，回击了，对方根本不会因此感到愧疚。

案例④

伊齐·卡尔曼举了下面这个例子，案例中的孩子有心智障碍，所以反应比较慢，学习困难，吃了不少苦。同学们不停地说他是智障，因此他很生气，常常被气哭。老师们无力保护他，因为只要老师一转身，同学们就又开始欺负他了。

"智障！智障！哈哈，智障来了！"

"嘿，停下！你太坏了！我要去告诉老师！"

卡尔曼教他复述一个反向称赞式的简单答复。

"智障！"

---

① 《彼得·潘》中的小精灵。——译者注

"我真希望自己跟你一样聪明。"

您可以想象一下效果。

我跟我的一位来访者使用了这个方法。

伊莎贝尔是一个16岁的少女，腿脚有点不便。她聪明、有趣、友善、随和，但由于神经系统疾病引起的残疾，她会跛行、踮脚、手臂不自主地晃动，因此经常被别人嘲笑。她试了各种回复。

"嘲笑别人不好！"

"你觉得这是我的错？"

"歧视残疾人！你没有权利这么说！"

可她发现嘲笑的情况越来越严重。

我们见面之后，她和这些同学有了以下这样的对话。

"嘿，你又要让我们迟到了！你走路就像傻子一样，总是落在后面，残疾人！"

"确实，我也希望像你一样走路……"

"呃，我的意思不是这样。就是在运动的时候，你就是个残疾人！"

"哦，是的，我希望能够像别人一样跑步。"

"我……呃……是的……呃……对不起……"

两个欺凌者中有一个道歉了，另一个走开了。两个人都再也没有嘲笑过她。

案例⑤

电视台报道了某初中的合唱团。在时长两分三十秒的报道中，至少有五秒钟镜头停在珍妮脸上。珍妮是个12岁的女孩，有着蓝色的大眼睛。第二天在学校里，有个女同学走到她身边说：

"我实在不知道他们为什么把镜头停在你的脸上，你那么丑！"

"是的，我也不知道为什么。"

纠缠她的女生转身就离开了，再也没人打扰她。

第二天，她妈妈（我的一位同事）告诉了我事情的经过。

"哇，真的太棒了！"我回应道。

"什么意思？太棒了？我跟我女儿说要这么回复：'你，你没看到自己的脸长什么样吗？'"

"你觉得这样回复会让那个'捣蛋鬼'停止吗？她

会更爱你的女儿吗？"

"当然不会……但是，她在说我女儿坏话啊！"

"她不说，难道不会这么想？你女儿能够说服对方，让她觉得你女儿真的很美吗？"

"不能，无论如何，她讨厌珍妮……"

"那你女儿的回复最能够达到自己的目的：让这位女同学不再打扰她！女同学的攻击无效，所以再也不会骚扰你女儿了，你女儿赢了。"

一开始，控制自己不去表达恐惧和愤怒并非易事，"黄金法则"不是我们本能的反应，所以一开始我们可能需要非常努力。但是，一旦您经历过第一次胜利，就会知道这个方法多么有效！当欺凌的对象没有以愤怒回应他时，欺凌者就会失望。只要一次，被欺凌者就会被说服！他们不仅真的没那么生气，还制止了那些让他们生气的事情，也就不需要去见治疗师了！

第六章

>━━●━━<

"你瞧不起我？"

幽默：他在嘲笑我吗？

>━━●━━<

"学会自嘲······

面对那些让别人哭的事，您就笑吧！"

西德·凯撒[①]

（Sid Caesar）

[①]　美国音乐家、喜剧演员，曾两次获得艾美奖。——译者注

这种形式的欺凌如何表现？

欺凌者以牺牲受害者来取乐。这种时候，欺凌的形式就是戏弄、起绰号、开恶意的玩笑、讽刺、夸大刻板印象或哄堂大笑。

很多时候，校园欺凌的发生就是因为有些事看起来很有趣，类似于看到别人摔倒或做了件糗事觉得好笑。

如果当事人因此而生气、恼怒，那么对于恶意开玩笑的人来说就更好笑了。

在某些情况下，开玩笑的人不想伤害别人，也不明白问题出在哪里。

"哦，没事啦！我们只是觉得好玩，不是说你什么！"

如果目标对象被伤害了，表现出愤怒或"最好"是周围的人都笑了起来，那么这种笑话就会越来越多。

14岁的塞巴斯蒂安因为身体残疾经常被嘲笑，但他使用"黄金法则"友善地对待欺凌者，后者再也没找过他的麻烦。

"可是，你不介意我嘲笑你吗？"

"你听我说，我当然希望你不要这么做，但是算了，我不能禁止你说话，如果你觉得很好笑，你可以继续……"

他笑着对他说。欺凌者立刻停止了。

看起来"缺乏幽默感"或拒绝别人的笑话，最能吸引恶意的笑话。

让我们直指核心：通常笑话都需要有个对象，那么不能伤害任何人，同时又要遵守"黄金法则"，最好的方式是什么呢？

就是嘲笑自己！因为我们最清楚自己的弱点，自嘲释放巨大的力量，而且不会让自己处于危险之中。嘲笑自己是健康的行为，通过这样的行为，我们接受自己的不完美，接受自己有权这样存在着。情绪稳定、坚强的人知道如何接受他人笑话自己，甚至知道如何取笑自己而不感到被贬低。自嘲是心理健康和自信的标志，也是骄傲最好的解药。而且，自嘲让我们不易受到伤害，是心理韧性的主要组成部分。[1]

大部分时候，您心里非常清楚人们为什么嘲笑您。那么，学着为此笑一笑吧！没什么比这更容易让嘲笑者惊愕的了。我们可以请与我们一起做傻瓜游戏的对手取笑我们最糟糕、太过明显的缺点；不断练习，准备好应对方式。第一次玩这个游戏或许不容易，但做到之后我们一定会倍感自由！

这并不意味着我们的"缺点"突然之间不再是缺点，或我们喜欢上了自己的缺点，或我们不想改变，而是活出自己真实的样子，不再依赖别人的眼光和认可。

关于幽默和嘲讽的一些说明

幽默往往给人正面的印象，据说幽默感是人类特有的，也是最佳良药。这是真的：幽默会改变人的心情，让我们与他人联结，它具有普遍性。"两个人之间最短的距离就是幽默。"钢琴家维克托·伯厄（Victor Borge）如此说道。[2]

最佳良药也是最好的武器。我们总是[3]需要"取笑"某个人（某几个人）才能展现出幽默感。[4]请您想一想：什么让您发笑？

我们之所以嘲笑有权有势的人，是因为这是让我记住他们并不完美的最好方式，尽管他们有权力。在独裁政权中，幽默总是被怀疑或被压制。在民主的环境，幽默是言论自由、批评自由的一部分。名人被嘲笑、被讽刺得最厉害，他们要学会如何不让自己因此受到伤害[5]，或者说学着接受被嘲讽正说明他们很有名气。

幽默也不可避免地被用来表达偏见。关于种族主义、性别歧视、恐同等的笑话，强化了这些群体在人们眼中的负面形象。因此，嘲笑少数人群体或跟少数人群体一起嘲笑是件比较复杂且有风险的事。

实际上，幽默有利于指出缺点（难道有没缺点的人吗？）、问题、错误和微妙之处，吸引别人的注意，但这并不容易，因为总有做不好的风险，而且做个坏人比做个细腻敏锐的人容易多了。说话者若希望"幽默地批评"具有建设性，并且能够清晰表达自己的意图，就需要有才能、有技巧，还需要在某种程度上了解对方，甚至怀有一定程度的爱，这样才能让对方理解幽默，跟着一起笑，而不是觉得这样的玩笑是一种羞辱。

这是否意味着我们都必须这么做，或者我们都有天赋表现出"有品位"的幽默感？我们有能力让自己的幽默感不越界吗？不见得。我们需要注意，告诉自己一些原则：避免取笑弱者，避开我们不赞同的笑话（其中传递着一些思想），如果可能的话，还可以告诉开玩笑的人——他的笑话对于其对象来说具有攻击性，或者是"没品位"的。但这也意味着，有些人就是喜欢讲"没品位"的笑话。我不鼓励讲那样的笑话，也不希望有人那样开玩笑，但现实中那是无法避免的。

如何回答？

接受笑话：笑或者称赞对方

"真诚地笑"的技巧

真诚地笑，然后改变话题或继续谈论。只要我们的心态够好，这个技巧就能达到很好的效果。但我用得并不多，因为后文写到的技巧更简单，而且不需要训练自己去笑。

要做到这一点，您要想象自己正在因为"弟弟"（一个孩子，在某种程度上不会让您担心对方在贬低您的人）的笑话而大笑。

假设在家庭聚餐的餐桌上，一个小侄子对我说：

"嘿，菲利普叔叔，你看起来像哈利·波特里的多比！"

我难道要大声喊叫：

"嘿，你怎么跟我说话的，笨蛋！等你长到一
米二再回来这么跟我说话，好吧？"

不，显然我不会这样回答。面对孩子，我不觉得
自己被欺负了，我更希望保持良好的用餐气氛。最有
可能的情况就是我友好地大笑起来：

"嘿，嘿，我还没有配套的袜子呢！话说，你今
年已经开始上游泳课了？"

话题到此结束。

正是这种心态让我们笑得出来，我们把嘲笑当作
一个不太好笑的笑话、一个"善意"的笑话，然后迅速
转向别的事情。这样，对方接收到的信息就是：我们
不觉得他具有威胁性。

只需要告诉自己——对方的意图是好的，他真
的只是想开个玩笑，就像朋友永远不会开充满恶意
的玩笑并且一直笑一样。这是让开玩笑的人停下来
的最好方法。[6]如果对方希望惹恼您，结果您没有生
气，那么您就赢了。

真正的自信，是能够把自我暂时搁置一边，相信

自己足够强大，在涉及自己的笑话中跟别人一起笑而不觉得被伤害。反之，最可怕的是，有种人觉得所有笑话都很好笑，除了涉及自己的笑话！

嘲笑自己，能够让别人看到我们充满自信、不易受伤，然后转移话题。

称赞讲笑话的人

如果您称赞对方所说的笑话，就意味着您承认他在这方面有才华（称赞），您知道如何面对关于自己的笑话，而且您没有受伤。这个技巧要在笑话好笑的时候用（即使笑话涉及您自己，也可能是好笑的），或者在大家都笑了的时候。

我再强调一次，经过训练，我们可以说得很自然、不勉强、不带讥刺。

"嘿，不错！这个笑话不错！"

"哈哈，太棒了！伙计，你应该去讲脱口秀！"

或者，如果对方嘲笑的是我们的性格或行为，可以说：

"嘿嘿，模仿得不错！"

或者，像我的来访者斯特凡纳一样，别人突然嘲讽他、笑他，他一时惊愕不已，僵在原处……这是可能发生的！这样他至少有几秒钟缓冲的时间，记起我跟他说过的方法，然后微笑着说：

"啊！我才听懂你的笑话！"

练习自嘲(化解嘲讽)：夸张

"接住关于自己的玩笑，拿自己开玩笑。"我们不但需要知道如何接住、忍耐、消化关于自己的玩笑，而且更好的做法是：拿自己开玩笑！添油加醋地开！

为了有更好的效果，我们需要不断练习：想一想别人会在哪一方面取笑您，您可以自己想一个与此有关的笑话。

布鲁克斯·吉布斯在一次工作坊中用他的尖鼻子自我解嘲："真的，我指方向很方便，都不需要把手从裤兜里拿出来！"

伊齐·卡尔曼在一个演示视频中让一个孩子骂他傻："啊，你肯定跟我家孩子交流过，他们是这么告诉你的？"

而我，也经常让孩子们嘲笑我，让他们在我身上找到能开玩笑的、哪怕是最小的细节（他们在拘谨了一下之后就非常乐意接受了！）。

因为我的头发掉得很厉害，所以我经常对他们说："嘿，这很酷，我能省掉理发和买洗发水的钱！"他们都笑了。

有人说我是"瘦猴"，我回应说："是的，对我来说很不容易，尤其在刮大风的时候！"不可避免地，有时也有人说我是"胖猪"，我也能想出来怎么回答他。

这个步骤的关键点只有一个词，也只有一个需要熟悉和操作的技能：夸张。

夸张的魔法

夸张肯定是很好的方式之一。为自己辩白行不通，以智慧和埋性应对同样不行。幽默不一定真实，而且不够有逻辑。如果有人嘲笑我，我以逻辑和智慧保护自己，我就输了。

"哟，奥贝里克斯[①]，你又胖了！"

"没有啊，我体重没有增加，你乱说。"

---

① 法国家喻户晓的漫画人物，《高卢英雄历险记》中的主角，又胖又壮。——译者注

这样的回应有点糟糕！

如果我试着以攻击性的话语回应，或试着开个巧妙的玩笑，就说明我受伤了。

"哟，奥贝里克斯，你又胖了！"

"哦，那么，伊德菲克斯^①，你像只小狗一路跟着我呀？"

而且，这么做很容易引起对方的反击！

所以，聪明的孩子们，真的非常抱歉：这种时候，你们不能使用聪明的逻辑，我们反而需要表现得大智若愚。把你们的聪明留给下一次数学考试，那时候它们能够派上用场。

如果嘲笑我们的人发现我们接受了他的玩笑，还夸张到荒谬的地步，事情将如何？

"哟，奥贝里克斯，你又胖了！"

"哎，可别提了，我还不得不借了我爸的裤子穿！"

"什么？"

"是的，我吃了太多的野猪肉……"

---

① 《高卢英雄历险记》中主角的宠物狗。——译者注

通常，恶意的嘲笑者听到这样的回答会措手不及，因为这是他最不希望听到的。

"你毛衣上有好多头皮屑！好恶心！"

"啊！真的吗？哎哟，我还以为下雪了呢！"

"呃，这荧光闪闪的是什么东西？"

"这样我过马路的时候别人才看得清楚。"

开自己玩笑的时候，夸张是最好用的工具。

您或许想问：孩子真的可以这样直接、生动地回应嘲笑者吗？他们可以。为什么？因为大多数时候想出一个笑话并不难，被嘲笑的孩子通常非常清楚自己容易被嘲笑的点是什么，所以很容易提前做好准备。

如果您想不出什么笑话，或笑话在您的意料之外，后文中提到的工具能够帮助您。

告诉您一个秘密：双重夸张比夸大更有效，因为前者把自嘲转化成荒谬的笑话，让别人看到我们丝毫没有受到伤害。

示例一：

"呃，你这发型是什么东西啊！哈哈哈！谁给你剪的？哈哈！"

"啊！我自己剪的！我剪坏了吗？"

这是一种夸大，可能很有趣，让对方措手不及。

"呃，你这发型是什么东西啊！哈哈哈！谁给你剪的？哈哈！"

"我的理发师改行做了园丁，所以我只能跟他说：'别用割草机剪我的头发呀！'"

双重夸张，显得更加荒谬。

示例二：

"呃，你肉眼可见地胖了，大胖子！"

"冬天胖一点很有用，暖和！"

夸大，已经很好了！

"呃，你肉眼可见地胖了，大胖子！"

"最酷的是我还可以像球一样弹起来，打篮球时特别有用！"

双重夸张显得更加荒谬，大大降低了对方反击的风险。

示例三：

"你在厕所里待了两个小时！你这个原子级大便！哈哈！"

"是的！还有一次我在厕所里睡着了，差点错过了数学课。"

示例四：

"哟，书呆子。你把老师搞定了才拿到18分[①]
的吧？"

"哦，我还得搞定教育督导、校长，现在我
正想找教育部长，否则我高中毕业会考时就死
定了！"

在所有这些例子中，有一件事是一样的：嘲笑者
的玩笑很糟糕，充满恶意，没品位。但通过双重夸张
让笑话变得更荒谬，您可以表现出自己没有受伤，也
能够反衬出指控者的荒谬。若您自我辩护，反而容易
招来更多的猜疑。

如果"聪明的学生"回答"嘿，别说了，你真恶
心……我只是很用功！"将会发生什么？显然，等待
他的将是更激烈的反击！而我们自己用夸张的手法回
答，所有人都看得出来对方的指控很愚蠢……

我把好几个来访者的经历进行梳理、加工，编成
了本书中的例子。这些例子让我们看到可以混合好几

---

① 　法国考试20分为满分，18分是很高的分数。——译者注

种夸张，把它们堆叠在一起。越夸张就越显出对方笑话的虚假、愚蠢，越荒谬就越显出我们未被笑话影响，可笑的反而是他们。如果您可以预先知道他们一般因为什么事情而取笑您，就能准备些不错的笑话。

在没有想法的时候，主动讲个万能笑话

"要是你看到我的……"

玛莉卡是名14岁的少女，黑眼睛，有趣、聪明，但最近因为每天都被同学嘲笑，原本闪亮的眼睛变得黯淡无光。下面记录的是傻瓜游戏第一阶段结束后的谈话内容。她在游戏的第一阶段说我是"胖子、丑女"，我试着阻止她，当然没有成功！

"显然，如果你继续说这些话，我没办法让你停下来，对吗？"

"对，我只要一直重复就好了。而且，她们就是这么做的。她们只有两个人，可是她们能让全班同学都嘲笑我！胖子、丑女，胖子、丑女……每天我都听到别人这么说，我再也受不了了！我不想去学校。他们甚至把这几个字写在我的桌子上，我

起来去白板上写字的时候，也会听到他们小声说：'胖子、丑女，胖子、丑女……'"

她妈妈在一旁抹着眼泪，说："试过所有方法了，我对她说没关系，她不胖；可是他们说得越凶，她就吃得越多，我可怜的孩子！我说我要去找校长，她不愿意，觉得这样做很丢脸。我说：'那么就别听他们的，随便让他们说去！'但她根本没法不在意……"

"哦，妈妈，别这样哭哭啼啼的！"

这时，我转向母亲，郑重地问她：

"女士，您准备好成为保护您女儿的挡箭牌了吗？"

"什么？是的，当然了。"（眼睛里满是泪水。）

"非常好。"（我转向玛莉卡，她看起来很疑惑，妈妈的眼里满是不解。）

"我来说一下接下来怎么做。你记得刚才我们玩傻瓜游戏时，我没有办法让你停下来，对吗？这一次，我会让你停下来。但你一定要想办法继续下去，否则我就赢了，好吗？"

"如果您想的话……来吧。嘿！胖子、丑女！"

"啊，你觉得我又胖又丑？"

"没错！你就是又胖又丑！"

"啊，你这样觉得吗？要是你看到我妈！"

……

玛莉卡的母亲抹着眼泪笑出声来，笑得喘不过气来。玛莉卡吃惊极了。

"可是，我不能这么说！"

"当然可以了。"她母亲说，"你可以，哈哈哈，没问题。这些女孩觉得我丑，我一点儿也不在乎！我真的完全不在意！"

事实上，这是个万能却简单的小玩笑。

"你觉得这很傻吗？你要是认识我爸……"

"你觉得我足球踢得很烂，那是你还没见过我哥踢足球！"

作为父母，您肯定同意——您不在乎孩子们如何说您，那只是孩子为了击败对手而使用的夸张措辞，对方一定会惊讶于孩子竟然如此"处理"自己的母亲。侮辱者突然蒙了几秒钟——如果他还打算反击的话，我们就可以准备应对，提醒自己重要的原则。

所以，玛莉卡是这样回复的：

"啊，你还是这么丑，又胖又丑！"

"你说我很丑，那是你还没见到我妈！"

"……什么？"

"是啊，要是你见了我妈就知道了！"

辱骂她的女孩大吃一惊，转身走了。第二天，她又来了：

"呃，不管怎样，你丑成这样，永远交不到男朋友。"（情况在好转之前变得更糟了！）

"好嘛，我跟你说了，你应该看看我妈长什么样！"

"是啊，说真的，你爸爸应该是勉强自己才跟你妈结婚的，对吧？否则就不会有你了！"

"也许，我不知道他到底怎么了……"

"嗯，好吧，绝对不会有人要你的！"

"好吧，也许，我不知道。我们以后会知道的。你真幸运，你有塞德里克。"

"嗯……是的……他是我的，好吧？"

"说真的，你很幸运！"

然后，对话就停在这里了。

一个月后，在操场上，一个曾经欺凌过她的女孩靠近她。

"看到她，我心里笑了。"

她在告诉我这个故事的时候说道。

"你在心里笑了？可是她靠近你是为了再一次欺凌你啊！你怎么笑得出来？"

"笑得出来，我在心里笑，因为我知道5分钟之后她就说不出话来了！她走到我身边说：'哟，你还是那么丑！'我平静地回答她：'我把你的意见记下来了，谢谢！'她转身就走了，您应该看看她那时候的脸色……"

有刮痕的光盘[①]

我所知道最简单、最有力的回应就是反复说："然后呢？"这看起来非常简单，但是包含一切；这样的回答不费吹灰之力就表明那个笑话没有影响我们。我们有思考的自由，我们不会让别人伤害我们，同时也不必忽略他人或进行反击，简言之就是不要有任何受伤的表现。

"嘿，奥贝里克斯，你又胖了！"

---

① 　有刮痕的光盘，播放时会在某个地方中断，并不断重复。——译者注

"然后呢？"

"呃，你很胖啊！"

"好的，然后呢？"

"呃，你很丑！"

"然后呢？"

"嗯，对，你不介意自己丑得跟头猪一样吗？"

"然后呢？"

"你妈妈又丑又胖！"

"然后呢？"

"天哪，算了，你烦死我了，我走了……"

这样的例子可以无限循环下去，效果非常好，几乎在所有情况下都能使用。

把"然后呢？"改成"所以呢？"，更简单的说法是"啊，很酷！"，然后接着做您刚才在做的事情就可以了。

总结

如果谁想流畅地幽默一把，不带一点尖酸刻薄，那他就是不懂幽默。

　　请您记住：别人比您更早看到您的缺点、弱点和特殊之处！无须隐藏，越藏越明显。嘲笑自己吧！没有人会因为您的不完美而讨厌您。

　　而且，很多人跟我说"完美的人很无聊"，"让人受不了"。您知道吗？这么说是错的，因为完美的人根本不存在！如果真有，跟他们交往肯定非常有趣，而且一点儿也不无聊。

　　让人无聊和难以忍受的，是那些想让别人觉得自己完美的人！

　　因此，幽默对于那些不能接受质疑、无法控制情绪、低自尊的人来说尤其危险！自我防御意味着感受到了危险。所以，如果我能自嘲，别人就更喜欢我，更容易包容我的缺点，跟我在一起能感受到更安全，与我相处更融洽；在学校里，我心里知道自己很酷，很受欢迎，这一点不需要"别人告诉我"。时时刻刻注意自己的形象让人精疲力尽。不必期待对方是完美的，不必期待他们跟我们做得一样。这样留一些转圜空间，我们就没那么累，这也是成熟的标志！

导演兼幽默家尼古拉斯·贝多斯（Nicolas Bedos）用皮埃尔·德普罗日尔（Pierre Desproges）的话说："我们可以跟任何人在一起，嘲笑一切，只要我们不是那个任何人！"所以，不要成为那个任何人，要成为那个懂得接住笑话甚至侮辱而不生气的人，如此，您的生活将更宁静。

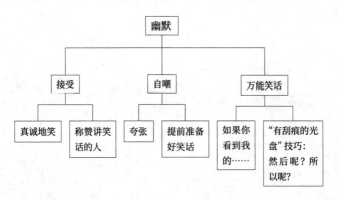

第七章

·····◆·····

"都是你的错！"
受过伤害：他想报复吗？

·····◆·····

"当两个敌人交谈时，他们就没有在吵架了。

他们在交谈，可能会大喊大叫……

但至少他们在交谈。当我们停止交谈时，

土壤才会成为暴力的沃土。

因此，请让对话继续。"

达里尔·戴维斯[①]

（Daryl Davis）

① 　　美国音乐家、活动家、作家、演员。——译者注

这种形式的欺凌如何表现?

这种欺凌形式极为常见, 极其危险、阴险。孩子之所以被欺凌, 是因为欺凌者 (符合事实或不符合事实地) 相信被欺凌者对他做过什么。他在内心深处觉得自己是个受害者, 而受害者需要做的是报仇!

有时候, 这种欺凌以身体暴力的形式出现, 但也有以下这些形式: 排挤、造谣、过分嫉妒、扔豆子、丢纸团, 或以攻击性更强的语言欺凌。找出欺凌者觉得"受过伤害"的因由并不总是那么容易, 原因是, 如果我们被欺负, 我们总觉得自己受到不公正的攻击, 我们就无法感受到原来攻击者觉得自己才是受害者。

然而, 知道这一点非常重要。一方面, 因为"受害者心理"——受害者认为自己有报复的权利——带来的损害可能是最严重的; 另一方面, 知道攻击者的意图是更快地用正确的方式阻止欺凌行为的关键, 是我们制订策略的起点。

我们以身体暴力为例说明如何回应 (在下一章中, 我们将列出这个类别中的其他具体例子)。回应很简单, 只有一个问题要问、一句话要说。

如何回应？以具有挑衅性质的身体暴力为例

身体暴力是指为了报复欺凌他人的行为。动手攻击的人是想报复，您一旦知道如何面对这种欺凌，就能知道如何面对这种欺凌类型中的其他表现形式。

客观伤害，即暴力行为造成身体上的伤害。面对这样的伤害我们必须为自己辩护，保护自己，惩罚施暴者（详见第二章）。而在校园里发生的绝大部分欺凌行为恰恰相反，几乎不会带来身体上的伤害，我们可以将这样的行为定义为挑衅性动作。[1]例如推、摇、捏或轻弹，这些行为就是为了挑起争端。

我们可以将这些挑衅性动作等同于话语的侮辱，因此我们怎样面对试图影响我们、激怒我们的话语，就该怎样面对这种挑衅，也就是说找到化解冲突的方式。我知道要一些人承认这一点很难，因为他们认为一旦涉及身体就是越过界线了。然而，考虑到儿童心理发展的实际情况，以及冲突容易不断升级的特点，其实挑衅性动作比暴力行为更能够挑起争端。

我们仔细分析冲突事件的发展过程，发现这就是常态。我所见过的身体暴力事件（所有的!）都是从话语暴力开始的。如果这些话语冲突可以被化解，很有可能就不会发生身体暴力了。

我们在无话可说的时候才会动手。

所以，让我们学着使用语言来避免暴力。

在面对动手的挑衅和"受过伤害"类型的时，如何具体地应用"傻瓜游戏"？

假设我们还不知道如何化解语言冲突，或孩子没有及时跟我们讲述发生的事，或我们没有解决的办法，那么冲突的一般发展模式是这样的：交谈—话语暴力—挑衅性动作。

14岁的埃坦在班上经常被最强壮的同学推搡。埃坦很害怕，想避开他。我对埃坦说我们没理由害怕，因为正常情况下，欺负他的这个人不会真的非常暴力地对待他。

"是吗？可是他比我壮两倍！"

"就因为这样才不需要害怕。他比你壮，如果他真想让你脸上挂彩，你早就躺在医院里了，不是吗？"

"是的，确实如此。"

"所以，他只是想报复。"

"报复什么？我没对他做过什么！我不记得对他做

过任何事……"

在这种情形下，我就让前来求助的孩子跟我玩"傻瓜游戏"，我让他动手推我[2]，同时强调：

● 他不需要因为推我而感到害怕，因为我不会生气，而且在他一直推我的时候，我会试着阻止他。

● 让他想象在游戏中他比我壮两倍，所以从身体条件来说，不管发生什么，他都无需怕我（这样能让他的反应尽量显得自然）。

在第一阶段：

我看着别的地方（仿佛在看风景），孩子过来推了我一把。第一次，我也推了回去，可能同时还说着：

"嘿，住手！"

孩子肯定接着推我，我就再一次推回去，或者我可能跟他说：

"嘿，别推人！你怎么回事？"

同时不断地抱怨，这么做是为了让他继续推我。接着冲突升级，我开始假装跟孩子打架，这让他笑得很开心。很快，我就放弃了。

接着在第二阶段：

什么也不做，继续看着别的地方。有时候，这样做足以让孩子不知所措，他停下来问我：

"呃，那我现在做什么？我重新开始？"

这就足以打开一扇门，让我有机会向孩子解释激烈的反应肯定会让冲突升级。

如果他再推我(大部分时候事情是这样发展的)，我就顺势问出卡尔曼的"神奇问题"：

"你在生我的气吗？"

如果得到的回答是"没有"，就可以说：

"啊？那最好了。因为你推我，我以为你生气了。"

如果得到的回答是"对"(大部分时候)，就可以问：

"啊，是吗？为什么？"

然后，不管得到什么答案，都可以说：

"我感到很抱歉。"

情况很快就会得到改善。

在进一步解释为何如此回答，以及为何这样的回答就如字面意思那样具有神奇的效果之前，我会先补充一些复盘的问题。

"这两次中哪一次你更想再推我？"

"如果有人在这次冲突后被处罚，先被处罚的人会是谁？"

"可是，是你先开始的啊！为什么是我被处罚？因为欺凌者在老师转身的时候打人。如果我喊了，哭着反驳，吸引了他人的注意力，大家看到的是我打你了……通常都是后动手的人先被处罚！"

"第一次，我看起来很强大还是更像大家都喜欢嘲笑的妈妈的小宝贝？"

"如何赢得尊重？尊重别人，尊重他们可能有生气的理由，不去告状，承担起我们的责任。如果我们做过一些事让对方不舒服，就跟对方道歉！"

"如果你没有伤害别人，你喜欢被处罚吗？不，当然不喜欢。所以，如果欺负你的人做的事没有伤害你，却被处罚了，他可能心生怨恨，想报复。是的，他这么做是错的，但我们这么做正好给了他理由。可是，如果他生气被人理解了，他就会停止自己的行为，而这正是我们想要的！"

所以，关于"受过伤害"类型的回应模式是这样的，很容易记住：

1. "你在生我的气吗？"

如果有人欺负我，理由是他认为我伤害了他，不管他这样认为是对还是错，我们的目标都是让他停止攻击行为！我们问他是否生气的时候，是向他提出一个问题，我们邀请他回答，就是反客为主。我们赋予他用语言表达的权利。

所以，请您记下来，这一点非常重要：他肯定会说一些攻击性的话语，但这是好事。比起身体暴力，语言暴力已经降低了一个等级。如果对方只是进行语言攻击，而不再动手，说明情况已经在好转了！

2. "啊，为什么？"

这时，我可以问问他为什么这样对待我 (可选项，但问了很有帮助)。这个问题让我知道自己是否真的做过伤害对方的事，是否可以补救。总之，要做一个值得别人尊重的人，即为自己负责的人。

3. "我感到非常抱歉。"

不管我们得到什么答案，都要说："我感到非常抱歉。"

为什么？因为即使对方不说明原因，我仍然可以感到抱歉，就算不是因为他说的理由——无论如何，我不可能为自己没有做过的事情道歉！但我仍然可以说声抱歉，为了他的感觉欠佳，为了他度过了如此糟糕的一天，为了我们的关系恶化到如此地步，我感到抱歉。我没有精准地描述是什么事，但给对方"我感到很抱歉"的感觉 (感同身受)。

当下最紧急的事情不是证明我是对的，而是安抚他，所以我表达歉意。欺负一个正在表达歉意或同理心的人是非常困难的。

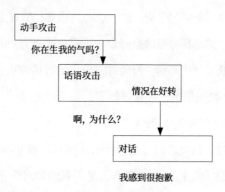

这里的图示说明攻击性在不断减弱。

在我们做过"游戏"之后，埃坦在学校跟那位同学的互动模式改变了。

埃坦被同学推了一下，跌坐在地上，在站起身的同时，他想起我们说过的回应模式。他转过身，眼睛看着攻击者，双手放在合适的位置(见本章后文)。

"嘿，伙计，你生气了？"

"是，我生气了！你觉得吃惊吗？大笨蛋！"

"可是……你为什么生我的气？"

"你很清楚，哼！你跟全校的同学说……"

他的指控不是真的，但埃坦按照我们的计划行事，并没有为自己辩解。

"啊！你在整个学校都听到这样的话了？嗯，我感到很抱歉！"

"你很抱歉？为什么？可能不是你说的？"

"对，伙计，不是我说的。你随处听到这样的话，我感到很抱歉。"

"啊……好吧，算了……"

如果我们为自己辩解，对方就会觉得我们在撒谎！先为正在发生的事情感到抱歉，是给予攻击者机会，让他在不丢脸的情况下改变主意，然后表达他的想法，并停止攻击行为。

平息不造成身体伤害的暴力

大多数学生打人，不是为了给对方的身体造成伤害。一方面，他们知道这是被禁止的，不想因此受到惩罚；另一方面，他们只是想吓唬、威胁对方，或掌控局面。他们不是真的打算打架，而是因为"可能动手的威胁性"更有效，那会让受害者在他们的掌控之下，受害者为了避免他们动手而屈服。真的动手则可能让对方逃跑、去告状、反击或采取其他行动，而"校园小流氓"并未准备好去承担这些风险。

此外，孩子们总是比成年人更容易通过肢体进行表达，直到童年后期，他们都没有足够的词汇量和表达能力说出自己的不同意见。幼儿进入托儿所后，都会依赖肢体解决冲突 (包括因玩具所有权而引起矛盾或其他遇到挫折的情况)——推、打、咬、抓，这些现象非常常见；到了幼儿园，动手的倾向还是很明显；到小学阶段，这种情况开始慢慢减少。因此，我们所有人都有过——例如在托儿所时——用武力捍卫自己的经历。然而，绝大多数成年人永远不会在与同事、家人甚至陌生人发生争执时动手打人。所以我们无须大惊小怪：在大多数情况下，轻微的身体暴力是正常的，完全可以等同于话语攻击。孩子慢慢长大，动手的情况自然会慢慢减少，也更容易停止使用暴力。

最后，不加区别地夸大所有类型的身体暴力 (包括小打小闹)，反而无法让孩子们做好准备去面对容易有身体冲撞的体育项目！在大部分运动中 (即使不包括格斗运动)，包括在团体运动中，都有气氛紧张、推搡、摔倒的时刻，有时双方也有一定程度的攻击性。这些不是严重的人身攻击 (我在附录中强调了成为一个好的失败者的必要性！），在某些领域本来就有遇到一定程度的身体冲撞的风险。

所以，与其让他们觉得——无论所受的伤是轻还是重，无论处境如何——所有的身体攻击都是严重的，还不如教他们在某些场合，我们可以按照规则在界限内表达出自己的攻击性和竞争性。

需要澄清的是，我并不是在鼓励身体暴力！恰恰相反，我的意思是，对于年幼的孩子来说，轻微的身体暴力几乎不可避免，他们需要知道如何避免这些冲动，这是可以学习的。以暴力处理问题，从来都不是我们期待的，而且这样做也无法解决问题。当然，如果别人对我们实施了严格意义上的身体暴力，我们就有权利自我辩护、反抗、被保护，我们需要惩罚施暴者；但如果是话语上的暴力或轻微且能平息的身体暴力，那样做就不是好的选择了。

如果暴力升级了

如果攻击者继续攻击：采取平息和拒绝的姿态

如果攻击者看起来真的想打架，继续推搡、找茬……事情发展到这个地步，我们也需要知道该如何回应。

大部分家长希望孩子远离一切暴力事件！

所以，我们需要知道如何拒绝身体暴力。是否能够证明自己更强并不重要，如果对方觉得自己更强，就让他这样相信。采取行动很少能带来和平的结果。

有些家长希望自己的孩子知道怎么用武力保护自己，让他们通过训练证明自己的强大。某些格斗运动爱好者认为只有"强硬"才能解决问题，但我建议走另一条路：遇到真正的攻击时，知道如何自卫可以挽救生命。当然，如果我们被攻击，我们有权保护自己的身体，但武力自卫只能是最后的手段，因为：

⊙ 有风险。所有武术练习者都会告诉您，我们永远无法保证自己一定能赢。再者，就算我们赢了，我们仍可能受伤，对方可能集结同伙相助；如果要面对好几个对手，我们就更危险了。

⊙ 这样"赢"了对方并不光彩（即便有点报了仇的感觉，但愤怒一点儿也不会减少！）。

⊙ 最重要的是，您应该早就知道了：在遭受身体暴力后、进行武力反击之前的很多日子里，我们必须通过训练才能学会控制力量。

学习格斗不能预防欺凌。这种类型的运动让人成长，在某些情况下能救命，但无法让我们避开危险。

在所有道场中，教练教的首先是为了保护我们自己应该如何避免打架、如何使用所学的功夫，了解自己的身体，知道如何在必要时控制力量和使用力量。学习功夫贵在掌握防御技巧，以及如何在合理的情况下使用功夫。然而，哪个格斗学校教授社交技能呢？[3]

相信我，如果您能够平息话语的攻击，身体攻击就不会发生，或发生的概率非常低。

但是，很多时候我们并没有及时控制住情况。如果话语攻击越来越严重，我们觉得自己很快就会动手了——这是一种内心的感觉。我们似乎想打架，或直觉告诉我们事态真的会发展到引发身体暴力，那么我们该怎么办？

最糟糕的反应就是问对方："你想跟我打架吗？"话一出口，我们就成了挑衅的人，即使是对方先推了我们！

我建议孩子采取另一种态度：

首先，以"隐蔽预备"姿势把双手伸到胸前。

其次，看着对方的眼睛。

最后，简单明了地说："我不想跟你打架。"

什么是"隐蔽预备"姿势？

这个姿势是这样的：把双手伸到胸前，手掌朝向攻击者，手臂半打开，距离脸部约30厘米，背部挺直，肩膀略微向后，但不要弯腰驼背。这是一个简单的保持尊严的姿势。

为什么摆出这个姿势？

这个姿势有多重好处，最重要的一点是，通过肢体语言，我们可以在开口说话前先向对方暗示我们的态度。

● 张开双手放在胸前，而不是握紧拳头。后者是使用肢体暴力的邀请，而前者则是对肢体暴力明确的拒绝。

● 举起手、张开手说明没有攻击性。我们举起手表示放下武器，我们想要和平。在举起手臂、没有武器的人面前，即使执法人员也不会开枪。

● 握紧拳头准备出击是真正的"预备姿势"，而此处，我们张开双手，那是"隐蔽预备"姿势。万一紧张局势再度升级，这个姿势也让我们准备好保护自己。如果我们的手插在口袋里，等到需要保护自己或战斗的时候再把手伸到合适的高度就需要花一些时间。如果出于自卫的合法理由，我们需要动手，这个姿势能够让我们预先做好准备。

- 如果对方朝我们挥一拳，他会先打中我们的手臂，而不是脸。这样，我们挡住了这一拳，用手臂和手保护了自己，避免了最糟糕的情况。

- 手臂放到这样的高度，也悄悄地挡住了对方的视线。即便最优秀的战斗者，攻击的效果也会因此降低。

为什么要看着对方的眼睛？

看脚尖或别的地方意味着屈服，证明我们接受了受害者的姿态，我们感到害怕，即"表现得像敌人"(让我们产生恐惧的是敌人，而不是朋友)。这样的姿态恰恰让攻击者看到他的攻击有效，他可以继续持敌对态度。[4]

"我不想跟你打架。"

您可以清晰地看到这句话不同于"你想跟我打架吗？"，后者是一种邀约。而这句话，我们简单地说明不想打架，只有在逼不得已的时候才反抗，而且我们有充分的理由不打架。

我们还可以加入前面学过的技巧(这些技巧现在是我们的习惯了)：称赞/接受对方的观点，并且在对话状态比较平稳时试着找个理由离开现场，或继续采取前文所提到的应对"受过伤害"型欺凌者的做法。

"我要揍扁你！"

"呃，我不想跟你打架(同时加上手的姿势)。"

"你最好跟我打，因为我要在你的头上打一拳！"

"显然你可以做得到，你比我厉害！"

"当然！如果我愿意，你会被我打得脸上开花！"

"你确实可以，伙计！这就是为什么我不想跟你打架！"

"是！你给我小心点，好吗？"

"好，那么我可以走了吗？"

或者：

"是！你给我小心点，好吗？"

"好！你在生我的气吗？"

还有另外一种我觉得更好的回应方式：

"你为什么想跟我打架？"

这样回答，我们就提出了一个问题。提问有三重优势：

首先，我们颠倒了权力关系。对方挑衅我们，我们不得不回应，而我们通过提问的方式让他处于说明的位置。我们以和平的方式找回一点对局势的掌控感。

其次，邀请对方回答问题，鼓励进行语言交流，降低了身体暴力发生的概率。

最后，如果攻击者给予回应，就是不再打算使用肢体暴力进行攻击，而是使用话语暴力攻击。既然是话语暴力，我们就已经知道该如何处理了！

"来打架啊，可怜虫！"

"哎呀（手的姿势），为什么你想跟我打架？"

"因为你是可怜虫！你又丑又臭！"

"啊，是吗？你这样觉得？"

有时打架的理由很荒谬，让对方说出来，可以平息他心中的怒气。

如果对方真的产生了威胁或真的打人了：试着给出"明确的信息"

在学校的课余时间，或在其他地方，不管在哪里都一样：最好的行为预测指标就是过去的行为。如果欺凌者过去比较暴力，曾经因为使用暴力出过问题，甚至跟警察都"扯上了关系"，而且不管对方是谁，他都暴力对待，这种情况下，我们就要想方设法尽可能远离这样的人。但这样的情况很少见。

一般情况下：

● 大部分人不是真的想打架。因为打架有犯罪的风险，愿意承担这种风险的人很少，所以殴打往往是秘密进行的。

● 我们应尽量避免表现出害怕。因为让我们感到害怕的人是敌人，而不是朋友。为了化解冲突，我们需要表现出朋友的姿态，而不是敌人的姿态。

● 还有，虽然听起来很矛盾，但是我们真的没有理由害怕比我们强壮的人，因为如果他想伤害我们，他早就会这么做了，可他现在却选择了威胁、恐吓这些更容易取得支配地位或进行报复的方式。

因此，如果真的有危险或可能会严重受伤，请寻求帮助或自卫。

如果对方只是为了挑衅而推搡，请使用面对"受过伤害"型欺凌者的技巧。

但是，有一个灰色地带：如果我被打了，我感受到疼痛，但没有真的受伤，那么该怎么办？

| 挑衅的推搡 | 他弄疼我了，但我没有受伤 | 他真的想伤害我 |

我们仍需给彼此留个化解冲突的机会！

如果我们希望给对方留哪怕一点点机会——让他意识到自己伤害了别人，让他感到内疚或让他道歉，那我们就必须激起他的同理心。这样，我们唯一的机会就是让他看到我们的身体受到了伤害，而不是我们生气了。

如果我们像过去一样表现出愤怒，那我们就输了：对方的攻击有效，我们成了理想的受害者，攻击者被"激励"，就将一再地欺负我们！

一般情况下，被欺凌的孩子很容易明白其中的利弊，只要问一问欺凌者：

"如果你伤害了我，我直接跟你说出来或我向老师打报告，我用哪种方式，你更愿意尊重我？"

所以，最好直接让对方看到自己的伤痛，而不是自己的愤怒。

在这些情况下，最好明确地让对方知道他弄疼我们了。

为了承担起我们的情绪责任，"明确的信息"需要包含以下这些内容：

- 发生了什么事（事实）。

- 我的感受是什么（用"我"开始说这个句子）。

我们可以用这样的句型说出来：

"当你……我感到……"⁵

我们不要说：

"哦！住手，不要再打我了！你真坏！"

这样的句子除了让攻击者竖起自卫的盾牌外，没有任何作用。

我们宁愿这么说：

"哎呀！哎哟！你推我肩膀的时候，我可太疼了！你没意识到自己的力气有多大！（这里，我们还加入了"称赞"，这往往有效。）

"你打我的时候，我差点儿摔倒，太疼了。"

在没有选择的情况下，您的孩子必须讲述被攻击的经历，他必须知道怎样受到保护，这是当然的。但这么做有风险，会让对方觉得自己才是受害者，造成更恶劣的反扑。所以，如果情况允许，请他多给对方一个机会。如果您的孩子确实化解了冲突，这样总是更好的。

但最后这个方法，只有在他真的被弄疼了的情况下才能使用，因为如果频繁使用或滥用，这个方法就失去了原本拥有的力量，甚至会产生完全相反的效果。

以下是这三章的总结示意图。

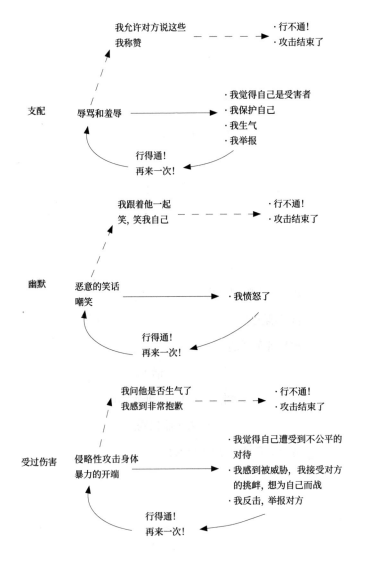

支配

我允许对方说这些
我称赞

· 行不通!
· 攻击结束了

辱骂和羞辱

· 我觉得自己是受害者
· 我保护自己
· 我生气
· 我举报

行得通!
再来一次!

幽默

我跟着他一起
笑, 笑我自己

· 行不通!
· 攻击结束了

恶意的笑话
嘲笑

· 我愤怒了

行得通!
再来一次!

受过伤害

我问他是否生气了
我感到非常抱歉

· 行不通!
· 攻击结束了

侵略性攻击身体
暴力的开端

· 我觉得自己遭受到不公平的
  对待
· 我感到被威胁, 我接受对方
  的挑衅, 想为自己而战
· 我反击, 举报对方

行得通!
再来一次!

摘要卡

支配：他想贬低我

提问　　　啊，你这样觉得？

是什么事让你这么说？

认同　　　如果你这么认为。

啊，好吧。

啊，你觉得是这样的？

有时我确实会这样……

称赞　　　你……你运气真好。

我真想跟你一样……

幽默：他想嘲笑我

真诚地笑

称赞讲笑话的人

不错，你的笑话不错。

啊，我才听懂！非常不错！

你应该去讲脱口秀。

讲一个笑话，夸大原有的笑话

自嘲　　双重的夸张。

万能笑话，例如："如果你看到我的……"

"有刮痕的光盘"式回答："然后呢？"

受过伤害：他想通过话语或肢体暴力欺负我，进行报复

"你生气了吗？"—"为什么？"—"非常抱歉。"

如果感到对方马上就要动手了，可以问：

"为什么你想跟我打架？

或者"我不想跟你打架"，配合双手的姿势。

如果对方动手了：给出明确的信息——

"当你……我……"

"哇啊！呃，你这样推我的时候我觉得很疼，你不知道你自己力气多大，你……"

如果对方的攻击混合了以上三种模式，首先就要试着平复对方自以为"受过伤害"而做出的反应，因为这种反应最暴力，可能带来最大的危险。

第八章

•——•——•

"总能回答！"
不包容、排挤、谣言
关于欺凌的特殊形式（常见！）的
一些建议

•——•——•

不包容

"如果你有敌人，不必认同他们所说的内容，但至少尊重他们有说话的权利。"

——达里尔·戴维斯（Daryl Davis）

这是针对"某一群体"，如某一肤色、某一宗教、某一种族、某一性别等群体的攻击。把人进行归类通常只是为了更容易找到借口去欺负一个人，只要心里有偏见，就不必专门找出针对这个人的理由。[1]举个例子，在（法国的）中学，最常用来侮辱别人的词是"基佬"。攻击者假定目标对象的性取向，而这个词有时对他来说可能是"软弱"或"恶心"的意思。这个骂人的词在年轻人中流行，尤其对于那些被贴了标签而又较脆弱的人造成了巨大的伤害。

你们可能会说：歧视、种族主义、恐同或其他言论都是违法的，触犯法律可能会被人起诉。当然是这样，尤其在这些言论出现在公共场合或被媒体记录的时候，因为此类言论可能引发仇恨或敌意行为。对于一些人来说，诉诸法律也是一种战斗方式，有利于"传播信息"：不包容令人难以容忍的言论，通过诉诸法律这样的威慑手段让那些容易羞辱别人的人进行自我控制。

但在一段双向的关系中，一方说话侮辱另一方，在没有证人的情况下，诉诸法律往往是行不通的。威胁对方要诉诸法律，既无法平息暴力也无法纠正对方的偏见。我不知道有一天偏见是否真的会消失——我很希望如此，但恐怕情绪需要一段时间才能缓和；若能缓和，也不是因为威胁带来的改变。此外，本书的目的不是让攻击者成为"某一群体"，而是让他停止骚扰其他人。为此，我们有必要把工具交给被攻击的孩子，让他们自己去阻止对方。

解决社会问题与让孩子拥有面对冲突的能力并不矛盾。

14岁的纪尧姆不是同性恋者，但大家都把他当成同性恋者——"基佬"，让他感到困扰的是他必须不断为自己辩白。

"我不断地说：'嘿，停下，我不是同性恋者！'这让我很困扰！我不是同性恋者，但也不仇视同性恋。他们让我表现得好像自己很讨厌同性恋一样！"

我们开始玩"傻瓜游戏"。首先，我们试着用一样的方式去辩解：

"停下，我不是同性恋者！你们'恐同'，这是法律禁止的！"

当然，这样的回应毫无帮助。

第二阶段：

"嘿，同性恋！"

"你好，一切都好吗？"

"很好，你呢？基佬。"

"你觉得我看上去是个同性恋者？"

"哈哈，当然，你就是同性恋者！"

"啊，我不是第一次听到别人对我这么说……"

"正常，你看起来太像同性恋者了！"

"哎呀，是什么让你这么说的？"

"呃……嗯……你的衣服！你的牛仔裤都是紧身的。"

"啊，你觉得穿这样衣服的人一定是同性恋？"

"嗯，是啊。"

"啊，好吧！我见过很多人这样穿，还有歌

手……"

"嗯，呃……那么这些人肯定是'基佬'！"

"所以，你真的觉得我是同性恋者？"

"为什么这么问？你不是吗？"

"不是，但有人这么觉得。"

"真的！"

"真的。"

"很多人这么觉得！"

"确实很多人。他们可以这么想，我不能阻止他们。"

……

开始玩"傻瓜游戏"，第一步请先以辩解回应；第二步主要进行提问，提醒对方关注一些显而易见的事实。

提问

提问开启对话。提问后，我们重新有了主动权，因为我们推动对方去回应、去解释，而不是让对方继续挑衅。提问后，现场气氛立刻变得没那么剑拔弩张了。

"啊，你这样觉得？什么事让你这么说呢？"

"我有时候确实会这样，但你觉得只有……（某类人）这么做吗？"

"你怎么会觉得……（某类人）就是这样？"

"你是不是跟……（某类人）有过节才这样想的？"

最后一句话，如果提出来跟对方讨论，就会让攻击者陷入明显的矛盾中：

"这么说，你不喜欢犹太人？你肯定跟犹太人有过节才这么讨厌他们。"

"……没有，你是我认识的唯一一个（某类人）……"

或者：

"女人都这么歇斯底里吗？你一定交往过很多难相处的女人，才会认为所有女人都歇斯底里！"

"是的……我经常遇到不太容易相处的女人，不过，你看起来不像是这样的女人！"

显而易见的事实

我们不能阻止对方认为我们属于某一类人或有哪些偏见，尽管我们并不希望他这么说或表达这些观点。请注意，以下这些说法并非适用于所有情况，可以根据实际情况进行修改。

"如果有的选，我不会选择成为……(某类人)，我也不会遇到这么多麻烦了。"

"我真希望能像你一样(不那么穷/没有残疾……)。"

"可能是这样/你不是第一个跟我这么说的人。"

"对我来说，这很适合我；对你来说，可能就没那么适合了。这样刚好！"

"确实很多人觉得(女人容易歇斯底里……)。"

您可以用以下的话进行回复：

"这不一定是真的，但如果你这么认为，我也不能阻止你这么想。"

我们可以给予对方权利，这样做让我们处于优势地位。更重要的是，比起争取表达的权利，当我们给予对方这个权利的时候，大家会感觉更好、更轻松。

"如果你想的话，你可以继续嘲笑。"

"你可以这么想，按照你自己的意愿去做吧。"

"我希望你不要这么说，但是算了，如果这么说让你觉得高兴，我也没办法怎么样(面带微笑)……"

玩"傻瓜游戏"[2]，我们可以在复盘阶段提以下这些问题

"我第一次／第二次这样对待你的时候，你会不会对……（某类人）不再有偏见？"

"是第一次还是第二次之后，你更能够尊重……（某类人）？"

"是第一次还是第二次之后，你认为……（某类人）很可怕或反而没那么吓人？"

总结

在面对偏见时，最糟糕的就是为自己辩解。在攻击者看来，对方的辩解恰恰证实了自己的猜测[3]，而令人奇怪却也带来希望的一点是：承认偏见的存在，甚至承认对方拥有"有偏见"的权利，反而为双方提供了讨论和反思的可能性。

当然，我们并不是非跟对方对话不可。[4]但是，我们至少可以用"黄金法则"回应，这样做通常可以阻止对方的攻击。充满偏见和给人刻板印象的人能够改变自己的观点，极少可能是因为他们被骂了或被惩罚了，而大多是因为他们融入了对话。只要攻击者带着受害者的心态，他们就无法改变。

排挤

> "滚回属于你的地方。"
>
> ——保罗·麦卡特尼[1]（Paul McCartney）

在集体中排挤某个人，这种欺凌形式很隐匿，却越来越普遍。

社交排挤越来越普遍？

这种欺凌形式越来越常见，我并不感到意外，原因有好几个。

首先，这是反欺凌政策带来的结果。如果孩子们不喜欢一个人，不管是出于一点点的善意或恶意，都会排挤他，从而避免引起正面冲突，免得他去举报，使自己受到惩罚。谁愿意跟打小报告的人成为朋友呢？

---

[1] 英国摇滚音乐家、创作歌手、乐手、作曲家，前披头士（The Beatles）、羽翼合唱团（Wings）乐队成员。——译者注

　　所以，他们找到更隐蔽的欺凌方式，既没有辱骂，也没有嘲笑、暴力，仅有排挤。

　　当然，为了解决社交排挤的情况，成年人可以强迫孩子们在一起玩或坐在一起。试想一下效果：欺凌者可能表现出喜欢或自愿接受这个人，因为成年人强迫他们与这个人交往，不是吗？

　　此外，我们这代父母倾向于把同学间的社交当作一项运动竞技或学业之外的附加项，让孩子必须在其中取得"好成绩"。孩子必须有好朋友，必须足够频繁地被邀请去参加生日会！父母的关心却带来了痛苦："他们为什么不邀请你？"

　　这样的压力让许多孩子感到困扰。孩子们越来越倾向于不惜一切代价融入集体，尝试套入一个社交模式，甚至模仿他人，乞求友谊的施舍，这些反而让排挤发生得更频繁，因为黏人的"橡皮糖"最令人难以忍受。

　　我们需要接受孩子真实的状况，并告诉孩子：在一个阶段内，没那么多朋友是正常的，这促使我们思考自己跟别人交往时的态度，帮助我们学习耐心等待。集体确实是人与人交流的实验室，是一所了解人生的"学校"。

在排挤发生时，集体对其成员有影响力。若乞求集体接纳我们，就等于赋予集体更多的权力。我们真的希望集体以这样的方式影响我们的孩子吗？孩子真的想让集体中的"他们"为所欲为并赢得这场角力吗？

在游戏中，孩子需要尽量排挤您：小一点的孩子，让他重复"你不再是我的朋友了"；大一点的孩子，让他说"我们不想跟你一起玩了"。还可以使用"我不邀请你来我的生日会"或现代2.0版的"突然消失"[5]。

排挤的范围会不断扩大。由于不再被邀请去参加生日会，丽莎被支配她的集体排挤在外，其他人也排挤她。课间休息的时候，她只能孤单一人。这对父母的打击更严重，他们担心孩子将来一直没朋友。

"没有男性朋友或女性朋友，一个也没有？对11岁的孩子来说也太奇怪了，不是吗？"

在游戏的第一阶段，丽莎扮演集体中带头排挤我的孩子，我试着重新融入这个集体。

"可是为什么？哎呀，让我回到你们中间去吧！你们不能拒绝我！太不友好了！这样把我踢出去真倒胃口……"

我看起来非常伤心，苦苦哀求；她的父母意识到问题的严重性，心情很差。

在第二阶段，我使用了言论自由的规则。

"你不要再跟我们一起玩了！"

"啊，你不想我来吗？"

"对，我们不想你来。"

"啊，你不想我参加你们的集体活动？好吧。"

"呃……是这样……其他人也不想跟你一起，哼……"

"你听我说，如果你不想跟我做朋友，这是你的自由，没问题。"

"呃……好吧，我们决定了……"

"明白了，好吧。按照你们的想法去做。"

"……"

"祝你今天愉快（微笑）。"

"……呃……"

丽莎发现没有什么能保证别人会改变想法或保证她交到多少朋友，但她也发现这样做可以重新拿回掌控权。如果她给对方结交朋友的自由，他们就不能通过排挤她来控制整个集体了！

━━━━━小窍门

另外还有一种可以使用的技巧：

"从中获得经验教训"

不要表现出生气或伤心，而是接受现实并表现出好奇。或许被排挤的原因是我们下次可以改正或改善的地方，我们可以从失败中吸取教训（如果这真的是一次失败的话）。

"啊，你们不想我跟你们一起玩？发生了什么事？"

"你不想做我的朋友了？为什么？你生气了吗？"

"啊，你觉得我不懂游戏规则？有时我确实不是什么都懂，你这么轻松就懂得了规则，真的太幸运了！"

"你真的超酷，我做不到总是像你那么有型那么酷！谢谢你们一直以来的接纳，但如果你们不想再跟我一起玩了，我也可以理解！"

"啊，你没有邀请我？我做了什么事？你不高兴啦？（为什么？/我感到非常抱歉。）不管怎样，祝你们在生日会上玩得开心！"（不要带着嘲讽的口气。）

这里再提醒一次，如果您认为这是屈服的表现，那么您就错了！相反，当我们乞求，为自己辩解，坚持要对方接受我们，觉得被排挤、不公平，或假装还属于这个集体，那才是屈服于那些排挤我们的人。

承认对方有权利选择自己交往的朋友，真诚祝愿对方玩得开心，这样我们就没有给对方留下任何余地，对方也无法掌控我们，无法决定我们是否高兴或表达其他情绪。我们没有屈服，不需要不惜一切代价去赢得别人的友谊，这很酷。请观察您希望接近的人表现出来的交友态度：他们怎么做？通过乞求别人的爱获得友谊吗？如果我们与众不同的话，他们是否不能忍受？

在复盘阶段，我们要一如既往地问封闭性问题，再加上：

这两次中的哪一次你更想远离我？

这两次中的哪一次你更想再给我一次机会？

如果在第一次您乞求的时候孩子同意了：

"好吧，算了，你来吧。"

他觉得您赢了，即便如此，我们还是可以强调：

"但是，我这样做看起来是个赢家吗？看起来像有掌控权吗？"

"我成功地说服你让我加入集体，但是你会更尊重我吗？"

这里我们再补充几点，送给孩子和担心孩子缺乏社交能力的家长：

"如果他们不想成为你的朋友，那么你没得选！我知道这很难接受，也令人失望，而且这样说非常不友好。但如果你强迫他们成为你的朋友，情况反而可能变得更糟糕。你真的喜欢逼着别人跟你一起玩，让他们一边跟你玩一边瞧不起你吗？

如果你不接受他们的做法，乞求他们成为你的朋友，就没有人会想跟你成为朋友。如果你生气了，就更不会有人想跟你做朋友了。如果你就这样让他们支配你，那么没有人会尊重你。如果你屈服，接受他们所做的一切，那么你看起来就像个失败者，没有人愿意尊重失败者。

相反，如果你给予对方空间，让他们得到自己想要的，你就赢了！

让他们做自己想做的事吧，他们会注意到你很平静，你不需要他们，你很酷，很友善。所有人都希望跟友善、开放的人成为朋友。有些阶段我们可能朋友很少，是的，这是事实，当下我们可能很难接受，确实如此，但很多人都有这样的阶段，确实不容易走过去。但重要的是，可能你都没有意识到，这个阶段会过去。与其被支配、不被尊重，还不如保持真我，精选朋友。

可能就是一段时间你朋友比较少，而这些时期的朋友在我们心里更为重要。"

其他更多的情况

在朋友关系中还有另一种更微妙的形式：被迫在两个朋友之间进行选择。

"如果你想跟我做朋友，就别再跟××一起玩。"

"如果你想留在我们这个集体里，就不能跟那个差生一起玩！"

在游戏的第一阶段：您必须坚持，最终以让步结束。

"可是，我为什么不能跟××做朋友？他很好啊！你不想我继续做他的朋友吗？好吧，就这样……"

在游戏的第二阶段，您转变态度，结束之后跟孩子进行复盘。当别人要我们在两个朋友之间做选择时，实际上到底是谁在做选择？其实是欺凌者选择了某些人，然后强加给我们：是他拒绝某个人，并强迫我们也拒绝某个人。我们若被影响，就输了；如果我们以生气的方式反击，一样也输了。除此之外，我们能做的就只剩下让他为他的选择负责，带着友善的态度，尊重他，不推开他这个人，也不接受他的建议。

"如果你想跟我做朋友，就不能跟××做朋友了！"

"啊，你不喜欢××吗？"

"不喜欢。"

"如果你不想，可以不用勉强跟他做朋友。"

"但我也不想你跟他做朋友！"

"你知道，××是个不错的人，我们是很多年的朋友了！"

"如果你继续跟他来往，你就不要跟我来往了。你不想跟我玩了，是这样吗？"

"你是我朋友，我很确定这一点。但如果因为××你不再想做我的朋友了，我不能阻止你按照你自己的想法去做。"

"不是的！我想做你的朋友，但你要停止跟××交往！"

"你知道，你是我的朋友，他也是。我很想跟你继续来往，可是如果现在你因为他不想再跟我玩了，你可以这么做。没人逼你跟××做朋友，如果你不想的话；也没有人逼你跟我做朋友，如果你因为××而不再想跟我做朋友，就按照你自己的想法去做。"

总之，主要的观点是：

"我是你的朋友，也是他的朋友。如果你因为他而不再想跟我做朋友，就按照你的想法去做吧。"

不管以哪种方式回应，我们都需要像"有刮痕的光盘"一样不断重复，不做他要求的事情，不妨碍他发表自己的意见，并对友情保持忠诚。

这样的沟通可能带来好几种结果：

⊙ 欺凌者让步，尽管有××的存在，他还是继续跟您做朋友！

⊙ 欺凌者让步，但责怪××的某些事：

"我不能跟××做朋友，他是那样对待我的！"

在这种情况下，我们就成为目睹别人被欺凌的旁观者(详见第十章)。

"我不想跟××做朋友，他太无聊了。"

在这种情况下，我们可以这样说：

"按照你的意愿去做，但这有点可惜。如果你了解他，你就会发现他比你想的更酷一些。我知道有时候他开的玩笑并不好笑，但他人很好，总是愿意把自己的游戏机借给别人。"

⊙ 如果欺凌者不让步，那么这种情况下，我们应坚持我们的态度。

"好吧，按照你的意愿去做。如果你因为他不想跟我做朋友了，你可以这么做。如果你改变主意了，我会很高兴再跟你一起玩。"

显然，复盘的问题能够让孩子理解：

● 第一次的时候，即使我们同意为了欺凌者放弃我们的朋友，我们也不会被尊重，我们只是"提线木偶"。

● 我们没有鼓励欺凌者更喜欢我们的朋友××，那样做只会起到反作用。

● 我们成为不公平事件的共犯，我们在向××解释的时候正反映出自己的软弱：

"对不起，我不能跟你一起玩了，尽管你没对我做过什么，但是别人叫我不要跟你玩。"

● 我们可能会同时失去这两个朋友。而第二次，我们至少留住了一个朋友，而且有机会改变跟另一个朋友的关系。

面对"不要待在这里"这样的恐吓，我们的做法也一样：不能屈服，也不能反击。

"如果你不想待在我的旁边，你不必这么做。"

"当然！你太臭了！快滚开！"

"我闻起来有味道吗？啊，好的，我没注意到这一点。谢谢你告诉我！所以，如果你想离我远点，我能够理解。"

"不，是你要从这里滚开！"

"你听我说，我在这里很好，这里是操场，任何人都可以在这里，而你刚才在那里，是你从那边走过来的。真的，你不必待在我身边，如果你讨厌我，或你觉得我……你可以离我远一点。没问题，我不会生气。"

如果我们保持冷静，他离开了，基本上就不会再找我们麻烦了。如果我们屈服或反击，"战争"就开始了。如果他不想待在我们身边，那是他的选择。

谣言

> "我听到小道消息说，我快疯了。"
>
> ——马文·盖伊[1]（Marvin Gaye）

谣言的特点是容易扩散，扰乱我们的生活，尤其我们

---

[1]　美国歌手、作曲家，被称为"灵魂乐王子"。——译者注

会强烈地感受到无法控制正在发生的事。

把谣言想象成一头威胁性很强的野兽，一头靠吞食我们的否认和辩解而不断变得强大的野兽。我们"希望别人不要相信"的愿望助长了谣言。我们越是反抗、辩解，谣言就传得越厉害。谣言就像神话中的动物——七头蛇，砍掉一个头，长出两个头……

面对谣言，伊齐·卡尔曼建议的最简单有效的工具之一就是"神奇问题"，那是一个简单的问题。

我们依然可以跟孩子玩"傻瓜游戏"，但游戏的主题是谣言，可以是关于孩子的谣言，也可以是编出来的谣言（常见的有"你尿床了""听说你要被学校开除了"），让孩子反复对您说，猛烈地攻击您。

在游戏的第一阶段，您否认、辩解：

"没有，这不是真的。""你撒谎，这么说的人都是撒谎精！"

很快，我们扮演的角色就显得很可笑。很明显，孩子也不会停下不说，或停止传播谣言。

在游戏的第二阶段，当他说完谣传的内容时，您可以问他：

"谁告诉你的？"

在他回答之后，抛出"神奇问题"：

"你相信吗？"

这个问题很神奇，首先，因为它是个问题！攻击者希望我们辩解，而在这个问题之后，他却处于需要为自己辩护的位置。其次，最重要的是，大家都不喜欢输。

如果他回答"不相信"，我们就可以跟他说：

"太好了！如果你相信，我会觉得很困扰！"

然后一切就停在这里了。如果他回答"是的"，我们也可以回应他：

"好吧，我无法阻止你相信这一点。"

如果他坚持说下去，我们还可以再一次说：

"好，你相信，你可以相信你想相信的……"

千万不要跟他说那是真的或假的！有时，我们允许对方去相信自己想要相信的，对方反倒会问：

"为什么这么说，难道不是真的吗？"

这时我们就可以回答：

"不，不是真的，不过算了，既然你这么相信的话，我也不能改变什么。"

这样，我们就能够让人看到我们的心理状态是正面的（符合"黄金法则"），仿佛在说：这件事与我无关，这就是生活，有人爱听信谣言，说自己想说的话……

而为自己辩解，就是处于下风。通过提出"神奇问题"让攻击者不得不为自己辩解，就是在弱化他们！这样，就轮到他们决定是否相信如此愚蠢的谣言；如果他们决定相信，他们是不是就……

提出这个问题，百利而无一弊。

如果传言是真的，该怎么办？

如果传言是真的，但无从验证，那么就用同样的方式回应！不需要说清楚，只需留给对方表达的空间。

如果是无法反驳的呢？那就承认。否认事实无法带来尊重，相反地，承认恰恰是成熟的标志，甚至能激发对方的同理心，降低传言的扩散程度。

"哎，听说你在聚会时亲了××！"

"哦，天哪！真不知道我怎么了……"

"哈哈，所有人都在说这件事！"

"可以想象。"

"每个人都在笑你！"

"是吗。你也是吗？"

"不是……我，我不知道是不是真的。我不会嘲笑，嗯……"

"那么谢谢了。我不应该这么做，不过算了，时间不可能倒流。"

与哀求相比：

"不要说出去，求求你了！不要到处说这件事！再说这跟你也没有关系！"

前一种回应更难以让攻击者继续传播传言。

尤其是，如果您孩子的特征或家庭状况是"总会被人知道"或容易招来传言的，那么请在事情发生之前教会他如何更好地应对：教他如何冷静回复；如何接受那些不理解他的人的第一反应可能是嘲笑；怎样不否认并冷静地接受所发生的事。我想到单亲家庭的孩子，被领养的孩子，还有父母职业特殊、父母是名人，或父母有一方入狱的孩子……

我们举例对比以下两组对话：

"哎呀，你是被领养的？"

"才不是，这不是真的！"

"哎哟，别狡辩了，看得出来！"

"这跟你有什么关系？"

"哈哈，你亲生妈妈不要你了，把你丢在马路上了？"

"闭嘴，蠢货，你自己呢？你妈她……"

"你说我妈什么？"

以及：

"哎呀，你是被领养的？"

"啊，谁告诉你的？"

"没人告诉我，所有人都知道，这看得出来！"

"确实，我是被我爸妈领养的。"

"你亲生妈妈不要你了！"

"怀了我、生下我的妈妈，我不认识她，我想她可能有难处……"

"把你养大的不是你的亲爸妈！"

"对我来说，他们就是我的爸爸妈妈，我现在的妈妈没有生我，但她从我是婴儿的时候就开始照顾我了。对我来说，她就是我妈妈。"

"太奇怪了。"

"是的，我知道。大家可能觉得很奇怪，但这就是我的家庭。他们说了我这方面的坏话吗？"

"呃，他们确实在嘲笑，是的……"

"啊，好吧……"

"你没什么感觉？"

"我希望他们不要嘲笑，但是算了，他们想相信什么就相信什么吧……"

"是的，呃……我也不觉得这有什么好笑。嗯，我不是笑得最厉害的人！"

"谢谢，你真好！"

您觉得这样的对话太理想化了？有时，对话可能会多几个回合，但只要知道怎么做，达到这样的效果是很常见的。即使是最糟糕的情况，攻击者不一定能够理解，但当他发现自己欺负的孩子没有受到伤害，就会放手了。而最好的情况就是对方试着确认传言是否属实，往往一开始缺乏善意仅仅是因为误解。交谈过程中，他的善意被唤醒，这通常会让沟通更平和，也能让对方开始理解。

第九章

❯❯●❮❮

"放下电子产品"
网络欺凌的情况

❯❯●❮❮

"我建议开玩笑的人使用以下字符：

:-)

请侧过来看一看。"

斯科特·法尔曼[1]

（Scott Fahlman）

---

[1] 美国卡内基梅隆大学计算机科学研究人员，发明了网络表情符号"笑脸"。——译者注

关于这个主题，我提出两个思路：

⊙ 互联网上的欺凌，从规模、媒介、技术上来说与前文提到的情况都不同，但不管从形成方式还是解决方案的角度来看，其原则都是一样的。

⊙ 正如生活中无法避免的话语攻击一样，我们没有为孩子使用互联网做好充分的准备，其实我们本来可以避免很多问题。

网络欺凌的比例不断攀升，这可能会引起政府重视，制定出更多反欺凌政策。如果骚扰他人的后果是被惩罚、被举报，同时又可以确定受害者是个弱者，时刻需要被成年人保护，那么有什么比以匿名、不用担心被报复的方式在学校以外的地方全面实施欺凌更好的呢？

在网络欺凌这件事上，我们要避免陷入几个严重的误区。

⊙ 第一个是责怪互联网本身。仿佛只要禁止互联网的使用，欺凌就能停止。据统计，60%的网络欺凌受害者在现实生活中同样也是被欺凌者。网络欺凌受害者通常就是单纯的被欺凌者，其机制是一样的。网络是人类历史上最伟大的革新之一，是沟通、传播知识的无与伦比的工具！问题不在于网络，而在于我们如何在互联网上处理社交关系。

● 另一个是责怪所谓的"叛逆的15岁"的网民，以为只要好好打击这些网民，问题就能解决。而这些15岁的网民，只是互相嘲笑的孩子，在匿名和距离的马甲下，利用着网络传播的高效和影响力。网络欺凌经常是一种机会犯罪，网络欺凌者因为便捷的诱惑而去欺凌他人，其后果让人感到刺激，其影响程度、带来掌控感的幻觉都令人兴奋。

网络欺凌者没有显著的特点。就像在现实生活中一样，他们试图掌控、支配、嘲笑某人，对自以为造成自己受伤的事进行报复，滥用自己的权利去伤害别人。在互联网上也一样，许多欺凌之所以持续下去，就是因为行得通。

● 还有一个误区，就是希望以一种完全不同于处理其他欺凌的方式解决问题。但实际上，其答案是相同的。

● 最后，最常见的误区就是同等看待互联网上针对孩子的所有类型的攻击。这样做就是把贬损性的评论或言论、暴力攻击、性侵，甚至约见儿童（确切地说，是表面看起来很善良的恋童癖)都归到同一个类别中。

我们至少需要区别带着嘲笑、支配、侮辱性的"口头"欺负(网络上是打字)，与可能造成肢体伤害、未成年性侵等后果的这些客观伤害。在后面那些情况中，显然我们需要保护受害者、举报罪犯、惩罚攻击者。但如果是前面那种情况(侮辱和嘲笑)，那就等同于常见的社交关系，要使用与前文一样的规则。

很重要的一点是：我们需要明白关系互动的逻辑和受害者错误的回应方式经常让问题变得更加严重。因为信息在互联网上传播得很快，并永远留下痕迹，所以问题就会被放大。

我们必须让孩子为生活中可能发生的事情做好准备。如果您正在寻找关于这个主题的资源，接下来我可以示范一下我是怎么跟自己的孩子说的。

首先对家长们说

在孩子使用锋利的刀具、玻璃杯、花钱买糖果(太多糖果了!)的时候，我们会采取很多安全措施——多到让人惊讶！然后，等他们稍大一些，有了第一张信用卡的时候、在他们开始开车的时候，有时在他们与配偶的关系中，甚至涉及房事……我们都会给他们提供很多建议。然而，我们却如此轻易地就把互联网交到他们手中。

我们能把车钥匙交给孩子却不教他开车吗，还是我们仅仅依靠政府的措施，就能保护他们在马路上远离所有危险？不，当然不能。我们会让他们考驾照，不断地给他们建议，并且给他们一笔钱作为保险金，以确保万一出事故他们也能应对。

那么，为什么像互联网这么强大 (可能非常好/可能很危险)的工具，却被草草地交到孩子手里，顶多在挑选智能手机和设置Wi-Fi密码时会花一点时间呢？为什么除了偶尔限制屏幕的使用时间之外，只有寥寥无几的父母向孩子讲述互联网意味着什么？

跟不上时代不是个好借口。这一代父母沉迷网络，知道孩子即将面对怎样的世界。如果您的情况不是如此，请了解一下互联网，因为在您放手让孩子踏足这个世界之前，必须让他们知道它长什么样子。

所以，在把互联网交到一个初中生手中之前，应该给他一些建议。下面是我给自己孩子的建议，我以

"十诫"的形式提出来。当然，这些建议并不绝对，也不完整，但我期待读者能够受到启发，并通过自己的方式思考要如何给孩子忠告，以问题的形式读给孩子、写给孩子或教给孩子，千万不要在没有做好准备的情况下把互联网交到孩子的手中。

以下内容对于现实生活同样有用，也是对前几章内容的快速复习。

互联网非常好，风险也很大

在互联网上，你可以获得比想象中多得多的知识，也可以认识更多人。你可以使用互联网工作、娱乐，甚至表达和传播对你来说重要的信息并改变世界——为什么不！但所有的事情都有好的一面和坏的一面。

首先，互联网是个交流的地方，互联网上的对话不计其数。那么，请你想一想：有没有一个地方，所有人都对其他人充满了善意？显然没有。在网络上，有人很友善，也有人充满恶意。辱骂离我们远的人比辱骂身边的人容易得多，不是吗？网络上，我们通常离得很远，又隔着屏幕，还有匿名的马甲，这些在坏人看来都是做坏事的理想条件。

互联网改变了这个世界。我们可以在网上分享美好的事物，但也有人会随意地对别人说些令人不快的事情。从一开始就没必要期待所有人都充满善意，学习如何应对充满恶意的人，这将让你终身受益。

我的意思不是说你一定会遇到这些不好的事，但我们真的有可能遇到：可能有人辱骂你、嘲笑你、试图（在精神上）伤害你，可能还有人拉帮结派。如果你还没有准备好去承担这些风险，那就不要使用网络。

举个例子：很多孩子觉得足球是一项非常有趣的运动，但足球很硬，可能会伤人，踢足球的过程中可能会摔倒、受伤或输掉比赛。如果我们不接受这些风险，就不要踢足球。

1. 自己小心

接下来我要教你的东西让你在网络上遇到欺凌时在大部分情况下都能自己处理。

但有一些例外情况：如果你受到非常直接的威胁，

而且介入了现实生活（即对方有你的地址，极可能实施威胁，而且曾经有过暴力行为……），那么你应该直接举报，接受成年人的保护，告诉成年人（尤其在有人威胁你不可以说出去的时候），把对话截屏、邮件打印或保存。如果你觉得对方的行为已经严重到触犯法律，可以联络政府的法律服务平台。如果你觉得你或某个人的安全受到威胁，请联系警察。

非常重要的一点是：如果有陌生人想跟你见面，绝对不可以接受。危险的人试图接近儿童或青少年，有时甚至是通过某个孩子接触到别的孩子。千万不要见在网络上约你的陌生人，绝对不要！

我们只有在成年后、在某些特定的情况下，才能在网络上跟人谈恋爱。如果你不认识的人试图吸引你，跟你要照片或想跟你在线下见面，你必须立刻告诉成年人，尤其在联系你的人特别叮嘱你不要告诉别人的时候！这些人很危险，通常图谋不轨或者是罪犯，线下见面可能会造成很严重的后果。

值得庆幸的是，这些情况很少见。接下来，我将跟你谈谈辱骂、嘲笑、照片、谣言等，这些在网络上更常见。如果你真的希望使用互联网，请准备好面对这些，即遇到这些事的时候不要烦恼。你需要明白事情会怎么发展，我将教你怎样保护自己。

2. 他们有表达的自由，甚至在关于你的话题上也有这样的自由，所以不要给他们影响你的权利

在法国，互联网是一个言论自由的地方，这就意味着只要没有威胁到其他人的安全或触犯法律，我们就可以说自己想说的话。一般情况下，如果你想阻止别人说些什么，对方反而说得更起劲了；但如果你让他们说，他们也就停下来不说了。在其他环境中也一样：如果有人说你很丑、很笨或其他任何跟别人不一样的地方，如果他们嘲笑你的外表、想法、宗教信仰等，不管他们说的是真是假，他们有权利这么说；但如果你让他们说，他们就不再坚持，不再继续说下去了。

如果有人跟你说大海是紫色的，你会大声抗议吗？你会去证明他是错的吗？不会。因为这么做，对方就停不下来了！你会说：

> "是吗？你这样认为？好吧好吧，如果你这样想……你可以表达你的想法，我并不在意……"

不管对方说的是紫色的海还是你，以同样的方式回应，对方就会离你而去。

说你坏话的人一般有一个目的，那就是伤害你。听到别人说你坏话会生气是很正常的反应。可能有人会跟你说：你应该表现出愤怒，应该去举报他，让他接受惩罚。

有些人希望保护孩子，不想让他们遇到一丁点儿困难，但这是不可能的。如果让成年人去惩罚未成年欺凌者，对方只会更讨厌你，表现出更多的恶意。

想一想：如果有人写了关于你的坏话，你希望对方被惩罚、被开除、被警察带走吗？

如果他们写了一些关于你的坏话但没有危害到你的人身安全，却受到警察的处罚，他们所受的惩罚超过了应得的后果，就会觉得不公平并进行报复。请不要做出比对方对你做的更糟糕的事，应直接面对问题，不要生气，这样对方反而会尊重你。例如，你可以试着以尊重、平静的口吻让他们停止这些行为；如果他们停止了，你就不要再采取更多的行动了。

最基本的原则是：如果你被影响了，你生气了，你举报了对方，你为自己辩解了，你以愤怒或乞求的口吻回应了他们，他们反而觉得很有趣，觉得自己的攻击得到了期待的效果，他们就会再来一次，那样就太糟糕了。但如果他们的行为对你毫无影响，对他们来说就不好玩了，他们就会停下来。

3. 没人逼你回应！

太多人觉得，如果有人写了他们的事或发表了关于他们的言论，就必须第一时间回复。这是错的。大部分时候，我们能够做的最好的事就是不要回应。如果你不回复信息或评论，那么感到受挫的人就是对方而不是你了！如此一来，输的人就是对方，而不是你。忽视他们，尤其是，如果那是一个独立事件，他们很快就会把注意力转向别的事情，因为已经不好玩了。

此外，互联网上的信息更新得很快，但回复越多，欺凌者得到的广告效应就越大，信息可见度就越高，欺凌者就可能获得更多的点赞和关注者……不要给他们提供这样的机会。

没有人逼着我们时刻带着手机并回应所有信息。在家人聚会的时候还总是看手机甚至是一种不礼貌的行为，如果你的朋友有重要的事情要告诉你，他们肯定会再来找你。

如果事件在较大范围内产生了影响，那么两周内暂时不要登录你的账户，或让你的账户"休眠"，甚至可以拉黑对方，他们很快就会忘记这件事并感到厌烦。网络上的很多内容在一段时间后都不再是热点，大多数人都会忘记。

4. 如果你必须回应，尤其在面对嘲笑的时候，请以幽默的方式回应

不要反击，因为反击解决不了任何问题，只会增加发生暴力事件的风险。

如果别人嘲笑你，那么可以试着跟对方一起笑，并以幽默的方式回应。这么做并不容易，但能赢得游戏，赢得别人的尊重。大部分人不明白玩笑不一定是善意的，而且忘记了让某人出丑的玩笑有时很好笑。看一看油管上你最喜欢的那些频道，总有人成为幽默的对象。如果有人嘲笑你，你可以生气，但这样你就可能成了被冒犯的傻瓜，他们就笑得更厉害了。总是有人被选中成

为开玩笑的对象，而这一天，对象就是你。

所以，你也可以觉得这是个很傻的玩笑，然后加入更幽默或更傻的元素，只需要夸大特征。教我这些的人是伊齐·卡尔曼，他经常举下面这些例子：如果有人在网上说你尿床了，你可以这样回答："我没有尿床，我只是睡在了浴缸里，因为这样我不需要换床单！"如果他们嘲笑你修过自己的一张照片，你可以告诉他们："这次整容效果还不错，不是吗？太适合我了！"

如果评论非常多，而你在事后才发现，那就幽默地回应："哎呀，看得出来，大家在我不在的时候很兴奋啊，你们太想我了吧？我一转身，你们就忍不住谈论我。"

5. 网络欺凌，其原理跟谣言一样

请参考第八章（谣言），以获得更详细的信息。

说你坏话或造谣诽谤你的人，总是试图让别人相信他所说的。你无法阻止别人相信他们想要相信的，你越是说服别人不要相信，就越显得滑稽可笑，他们传播得就越起劲，然后你就输了！让他们按照自己的意愿去想，他们会看到自己有多滑稽。

面对谣言的一个神奇回应是询问对方："你相信吗？"

如果他们回答"不相信"，那么你就回复："那就太好了！"

如果他们回答"相信"，那么你就告诉他们："如果你愿意，当然可以这么想。"或者"我不能阻止你按照自己的意愿去想"。这样，所有人都能看见你是赢家，因为没什么让你觉得困扰，欺凌你一点儿也不好玩，他们就会停手。如果你争辩，为自己辩解，你就处于弱势，就输了。

注意：有时他们发表的评论是事实，是所有人都知道的，或是很容易被核实其真实性的。而你却很想否认，很生气，想让他们闭嘴或为了避免被羞辱而不想去学校……问题是，如果你这么做，再也不会有人愿意尊重你，而且你无法阻止他们相信网上的内容！

反之，如果你承认无法辩驳的事实，有些人还可能会尊重你。"是的，我不知道当时脑子怎么了。""太蠢了，我真的不愿想起来！"这样说显得你很勇敢。流言很快就能停止，他们转而去八卦其他更有意思的事情了。

这些情况并不容易处理，但你可以试着避免一些情况的发生。

例如，绝对不要给任何人寄你的裸照或裸体的视频！我知道寄这些照片或视频对某些人来说非常刺激，你寄的时候可能也很兴奋，相信接收照片或视频的人，或者是被说服认为这些信息"稍纵即逝"……但所有的东西都能被留存下来！而且，真的，我们不知道当下我们信任的人将来某天会不会生我们的气，或在我们让他失望的时候或与他分手的时候……想报复。

你身边朋友的父母说不定也有离婚的。他们几乎都会跟你说：尽管在一起生活了那么多年，有那么多承诺，曾经那么相爱，还有孩子，但还是产生了严重的矛盾，有时甚至可以用"战争"状态来形容他们的关系。我们不知道人们会做出什么事。现在，我们所说的"色情复仇"也较常见，所以不要为这样的事情留有余地。

6. "差的广告好过没有一点广告"

媒体上谈论最多的是谁？谁的八卦最多？杂志上关于谁的报道、图片最多？这些内容通常并不友善但却是事实。明星以及越是有名有权的人，越需要接受人们的嘲笑，他们越不能相信人们说的话。

如果其他人谈论你，那么可以告诉自己这是广告，无须认真回复（明星很少认真回复）。你最好这么说："你们又在讨论我了？你们对我的生活感兴趣，谢谢，我亲爱的粉丝们！"甚至可以鼓励他们："哎哟，你们没有新的谣言、新的玩笑，连一张新的小照片都没有吗？我真失望啊！真让人想笑……"

因为事情变得越来越不好玩了，他们最终会安静下来。

7. 你可能害怕他们毁了你的"名声"

在成年人的世界里，公开说有损他人、侮辱或贬低他人的言论可能导致所涉对象找不到工作或合作者。这跟诽谤、诬陷等罪行一样，可能会被罚款或监禁。

而在孩子的世界里，那些话语可能影响我们在课间操场上的形象、我们的自尊，可能引起嘲笑，但对于实际生活或将来也许影响不大。所以，不要太担心。除非，网络上的事情可能让你被学校开除。在这样的情况下，你需要抗争，就像成年人一样……

但是，一般情况下，请利用这些言论，让人看见你不受影响，因为你知道他们说的很可笑、彻头彻尾的可笑。这些言论通常意味着你很受欢迎或有人嫉妒你，所以请学着付之一笑。跟别人一起笑，你就能够以赢家的姿态摆脱困境，人们也会更尊重你。可如果你总是为此烦恼，甚至沮丧抑郁，反而打响了自己的"名声"——容易困扰的名声，他们就会卷土再来！

8. 如果他们为了贬低你而说你坏话，接受他们有说的权利，做与他们所期待的相反的事！

我在网络上留言的时候，很多人都不同意我的看法，也对我说充满恶意的话。我认为最好的回应就是不要回应，骚扰没有回应的人一点儿也不好玩。

他们有权利说自己想说的话，也有权利按照自己的意愿去想。你不必相信他们，只要接受他们有说话的权利。他们可以说自己想说的话，甚至可以对你说一些疯狂的话："你一点儿用也没有，去死吧。"

是的，这么说确实很坏。但一个根本不认识你的人对你说这样的话，怎么能当真？总有人可能说出这样的话，他这么说实际上就是为了激怒你。你可以回应："呃，好吧，你这么对我说话一定是在生我的气……"或者："啊，是吗？你这样觉得吗？好吧，谢谢你的建议。你可以这样想。"如果他重复说，你可以说："好，你想要重复几次都可以，没问题。"没什么能强迫你相信所看到的内容。在互联网上，人们可以说很多很多假话，我们不需要去相信。

例如，你可以这样回答："啊，是吗？你觉得我很傻？好吧……有时候我确实做一些傻里傻气的事情，真的！"他们看到你没有抗争，就会停止。

更好的方式是称赞对方。

"啊，你觉得我在照片上看起来太丑了？确实。不过我很喜欢你的头像，看起来太有型了！"他们会感到惊讶，然后很快就停止了。

更简单的方法是不用回应……

有时，或者竖起大拇指，甚至可以在负面和侮辱性的评论下面点赞，不需要再说什么。他们将感到惊讶，你看起来似乎接受了，而且没有做出负面的反应！这是社交网络提供给我们最好、最简单的武器，我们甚至不需要绞尽脑汁去回应。

9. 有时，人们说你的坏话，因为他们生气了

不管是否事出有因，他们生气了，因为觉得自己是受害者！如果他们攻击性很强，那么我们可以问问他们："你生气了吗？"

如果回答是"是的"，那么可以问问他们为什么，然后心平气和地谈论；如果你真的做过伤害他们的事情，就向他们道歉。

如果回答是"没有"，那么他们就会意识到自己没

什么理由继续那样对待你。

如果他们仍然继续，那么问问他们既然没有生气，为什么还要继续这样对待你。

如果他们仍然继续，就让他们做他们想做的事情，同时让他们看到——你一切都好。

10. 最后一点：善意地对待网民

如果你自己浑身带刺，就不要期待别人给你的留言都是好话，即便只是回复。如果你期待别人友善地对待你，最好的方法就是从成为友善的人开始。如果你看到别人对其他人恶意的评价，就不要落井下石，不要恶意跟评。

时不时地读一读这些规则，这样你在需要的时候就能记起来。然后，尤其要记得，告诉自己：还好，在网上大部分时候一切都很顺利，互联网是个了不起的工具。好好利用它吧！

第九又四分之三章

·——·——·——●——·——·——·

"你们别吵了！"

欺凌和冲突的旁观者的一点点魔法

·——·——·——●——·——·——·

"我们必须努力减少冲突，但不是彻底消除冲突。

冲突的存在是必不可少的。"

卡尔·波普尔①

（ Karl Popper ）

---

① 出生于奥地利的犹太人，20世纪最伟大的哲学家之一。——译者注

旁观冲突的成年人是怎么做的？

两个孩子在成年人面前争吵、相互辱骂、打架的时候，或孩子告诉成年人他被恶意对待或被嘲笑的时候，大部分成年人都会努力保护受害者，并去了解发生了什么，去解决冲突，甚至惩罚攻击者。

然而，现在我们已经知道这么做传递的是什么信息。

这种情况下，"傻瓜游戏——第一阶段"是这样展开的：

事情可能发生在家里，成年人是父母中的一方，孩子们则是兄弟姐妹；或发生在同学之间，而成年人是老师或监督者。场景都非常相似，不管是因为辱骂，还是因为摘掉对方眼镜，或是因为嘲笑……

马克："苏菲说我是……"

苏菲："我没有！这不是真的！"

成年人："怎么回事，苏菲，你为什么骂他？"

苏菲："这不是真的，不是我！"

成年人："够了！你们两个一直吵架，这不是你第一次这样闹他、嘲笑他。我说过在这里不能骂人。够了！"

苏菲："我知道，但我这么说是因为……"

成年人："嗯，所以你说了！那么现在，道歉！"

苏菲："可是……"

成年人："你道歉！"

苏菲（喃喃地说）："对不起，马克……"

成年人："马克，你接受她的道歉吗？"

马克："不接受，她不是真的想道歉"

成年人："你说得对，她听起来确实不那么真诚……苏菲，现在，你看着他，请求原谅——否则，去房间禁闭！／去找教育督导！／给你加作业！……"

苏菲："好吧，我知道了。对不起，请你原谅我，好吗？"

成年人："这样可以吗？马克。"

马克点点头。

成年人："好，我希望苏菲你是真心的，这是我给你的最后一次机会，好吗？现在去玩吧，别再吵架了，好吧？！"

假设我们可以问一些复盘的问题：

成年人："马克，我的处理裁决给你什么感觉？"

马克："您站在我这一边，很不错！"

成年人："那么如果下一次又有人骂你，你怎么做？"

马克："我会再来找您。"

但是，我们所做的剥夺了孩子主动处理小冲突的机会；让他们去找其他人或成年人解决问题，会让他们变得脆弱。

成年人："现在，我批评了苏菲，你会更喜欢苏菲吗？"

马克："不会！她真坏！连大人都这么觉得！"

成年人："你觉得自己对她发脾气，希望她因为骂你而受到惩罚，这么想是对的吗？"

马克："是的！因为您就是这么做的！"

成年人："她伤害你了吗？"

马克："我的身体没有受伤！"

成年人："我的态度是否让你觉得自己因为被骂而受伤了？"

马克："你的态度让我觉得我反应这么大是对的。"

成年人："那么你呢？苏菲，你现在更喜欢马克了吗？"

苏菲："没有！"

成年人："你现在跟你骂他的时候一样生气还是更生气了？"

苏菲："更生气了！他跟您打了小报告，因为他，我被您骂了！"

成年人："下一次你再遇到马克的时候，你想做什么？"

苏菲："再骂他或打他！而且下一次，我不能让别人看到！"

所以，我们反而成了下一次冲突的诱因之一。

成年人："这样，你更喜欢我了吗？"

苏菲："当然没有，您骂了我！"

成年人（如果是老师）："你现在想上我的课吗？"

苏菲："不见得……"

我们失去了一个孩子的信任；如果我们是老师，就失去了一个学生。我认为这么说并不为过。作为老师，因为自己的作为而让学生失去学习的兴趣，是最糟糕的事情之一。

这件事让马克觉得自己是攻击者还是受害者，让苏菲觉得自己是攻击者还是受害者？你们肯定猜到了：现在有两个受害者，两人彼此讨厌，冲突一直解决不了，而其中一个还讨厌介入其中的成年人！

父母因为需要经常充当警察的角色而感到疲倦。

教师和学校工作人员知道：扮演调查员、裁判、说教者不能让欺凌者更遵守规则，更能意识到自己的错误（欺凌者觉得自己所做的有正当理由）。而且，教师和工作人员都更希望能够专注于工作的核心（教学），而不是这些耗时、建设性没那么强的维持秩序的工作。

关于孩子之间的冲突

什么时候孩子们会打架？

一般情况下，等他们慢慢长大，就打得越来越少了。孩子在小的时候，都有动手的倾向，这样的倾向随着年龄的增长逐渐减弱，但争吵、冲突是一直存在的。如果冲突中总是一方占上风，我们通常把这样的冲突称为欺凌；但在许多情况下，这些冲突是儿童的适龄行为，大多数时候都可以平息。

什么情况下孩子们会吵架?

一般在我们转身的时候！他们知道在我们看着的时候吵架容易被抓住，所以会避免在我们面前吵架。吵架之后，他们来找我们，或叫我们去裁决。

我们希望孩子们不要因为简单几句话、一点小事就感到被冒犯，但是当我们因为他们的争吵做出反应、进行干预的时候，就是在告诉他们事情需要我们的介入。我们希望保护他们，让他们不被这些话影响，但我们的行为却告诉他们：这些言论很严重。

为什么孩子们会争吵?

为了玩具，为了争谁赢了游戏，为了选择喜欢的电视节目?

都不是，可能他们自己都非常清楚这些事情无关紧要。他们争吵，是为了知道接下来将发生什么：您会介入，试着弄清楚谁对谁错，谁应该被保护，谁应该被惩罚。是的，孩子们争吵是为了您！

且不论孩子与成年人之间的情感联结——这些联结都是真实的，但如果您是他们的父母，在他们眼中，您就是全世界最重要的人；如果您是学校的教师或工作人员，那么您就代表了权威人士和决策者。您将决定"上下等级"，这很重要。

您是否注意到，随着您的介入，要解决的问题就不再是抢玩具或辱骂，而是说服您自己是对的、对方是错的？孩子所期待的是情感、关系得到满足，孩子希望获得您的认可。

您开始调查那个并未亲历其中的事件，"公说公有理，婆说婆有理"，然后做一个勉强让人满意的判断。

在这种情况下，我们永远都是输家。若您选边站，孩子们之间仍然是互相生气的关系，"做错的一方"就更生对方（就是他让"我"被惩罚了）和您的气了！而您，则担心自己不公平，惩罚错了或"骂"错了。"做错的一方"将通过其他事情去报复，试着找到机会让您站在他这边。我们努力平息争吵，却不知不觉为下一次争吵埋下了伏笔。

您能感受到其中的影响有多大吧？！

以下是几种错误的做法

● 谴责攻击者：这么做，欺凌者对受害者和成年人更生气，受害者对欺凌者也更生气（因为成年人给双方贴上了很好/很坏的标签）；因为成年人介入而抗争，欺凌者要报复，更想继续自己的行为。

● 保护受害者不被侮辱和嘲笑：双方都感受到自己对于成年人的影响力，就会继续强化自己固化的角色，即被保护的受害者和被控告、试图报复的欺凌者。

● 让第二个群体介入：举个例子，父母如果在学校一直捍卫自己孩子的权利，其他家长则会讨厌他们。

● 传递给孩子这样的信息：别人说的话都很重要，能让你痛苦，也就是说受到伤害容易引起注意，所以表现出被伤害很有效，能够让欺凌者受到惩罚；而自己什么都不需要处理，只要告诉成年人，这样的做法在任何情况下都适用。

那么该怎么做？神奇答复！

不管是在家里，还是在学校，面对孩子之间的冲突，我们都知道需要花很多时间和精力去处理。我无法保证可以把处理问题的时间缩减至零，但至少可以减少90%（如果按照百分比来计算的话）的时间。冲突总是存在的，但我们可以减少冲突，这样就减少了处理冲突的时间（然后有更多的时间教书/做父母，而不是充当"警察"），孩子们之间相处得更好，他们更有心理韧性，也更独立。这样的结果，不是出于偶然，只是应用了简单的"神奇答复"。

重点是我们怎样让孩子看到我们理解他们的处境，同时我们不会替他们解决关系问题，他们才是现场的主角。所有这些，或许都可以在一句话里找到答案。[1]

情况一
孩子报告有人骂他

「神奇答复 NO.1："你相信他说的吗？"」

第一种可能性（最常见）：**最简单的神奇答复！**

"他说我很笨！"

"你相信他说的吗？"

"不相信！"

"太好了！

下面这句话可说可不说，但很有力量：

"这样最好。而且，我也不相信他说的！"

事情经常就这样结束了。

通过简单的回答，我们给出了非常多的信息：

● 我们在意他的感受、他的看法；

● 尽管我们并不相信，其他人还是可以这么说；

● 我们没有夸大口头争执带来的影响，所以没有更多需要去做的；

● 我们尊重他 (我们不相信说他的人，我们能够理解他)；

● 由于我们没有对骂人的孩子生气，那么他也没理由生我们的气；

● 由于我们平息了事件，因此这些骂人的话就失去了力量，再骂就没意思了。

第二种可能

"他说我很笨！"

"你相信他说的吗？"

"相信！"

"什么？你真的相信自己很笨？"

"不是的！"

"太好了。"

同样地，我们让孩子清楚地知道他没必要把自己不认同的事放在心上。

第三种可能

"他说我很笨!"

"他说得对!"

"什么?"

"是啊,你很笨,而我比你更笨!"

这个卡尔曼式的回答值得回味,让您的年轻朋友看到:我们不需要因话语而受伤,尤其在对方所说的并不真实或很傻气的时候。

第四种可能: 如果辱骂的话里有一部分是真实的

"他说我脸上全是痘痘!"

"你相信他说的吗?"

"嗯……是的……"

"好! 那让你困扰的是什么?"

事情可能就停在这个阶段,然后孩子自己有效地回应辱骂他的人:

"是的,我脸上有痘痘,怎么了?"

他也有可能会说:

"他这么说太坏了,快叫他别说了!"

"如果这让你很困扰,你不觉得应该你自己跟他说吗？"

事情也可能停在这里，孩子明白了我们不会去"为他而战"，所以他要为自己的人际关系问题负责。

但也有可能情况继续发展下去，回到我们习以为常的模式：

"我跟他说了，可他还是继续说！"

"好，如果我去跟他说停下来，我骂了他，你觉得他会更喜欢你还是更不喜欢你？"（更不喜欢。）

"如果他更不喜欢你了，你觉得他会对你更友好还是更不友好？"（更不友好。）

"你觉得他会更喜欢我还是更讨厌我？"（更讨厌您。）

"所以你觉得他会听我的吗？我出面能够改善你的处境吗？"（不能。）

如果孩子继续，他可能会说：

"那我应该怎么办？"

"当他说你是……时，你就生气了，他感到开心还是不开心？"（嗯，他很开心！）

"你呢？你希望他因为骂了你而感到高兴吗？"（不希望！）

"那就不要生气，不要被影响。如果他骂你，你丝毫不受影响，他会觉得自己很厉害还是很愚蠢？"（愚蠢！）

"正因如此，就让他说他想说的，你保持冷静、安静、微笑。一段时间后，他觉得不好玩了，就会觉得很累，然后就停止了……"

从这里开始，如果孩子觉得困难，您可以跟他玩"傻瓜游戏"，教他更有效、更能长期使用的技巧。

情况二
孩子报告说有人打他

「神奇答复 NO.2："你受伤了吗？"」

大多数时候，孩子动手不是为了让对方受伤，也不想真的造成伤害，这么做通常是为了挑衅。怎么做才能平息事态，并且让孩子感受到我们的同理心，还能避免那些比挑衅更严重的身体攻击？

第一种可能

"××打我了！"

"你受伤了吗？"

"没有。"

"太好了！"

这就是全部了。经常，事情就这样结束了。

但是，在这里，我们也给出了许多信息：我们很关心被打的孩子，理解他的感受，随时准备去帮助他；如果他没受伤，我们就安心了；如果他没受伤，我们就不需要做什么，这就跟话语攻击的情况一样：对方在挑衅。而且，攻击者没有被惩罚，所以不会对我们、对被攻击者有过分的怒气，这就降低了报复和冲突加剧的可能。

第二种可能：孩子让我们去阻止攻击者

对话通常是这样的：

"跟他说别再推我了！"

"如果这让你感到困扰，你不觉得应该自己去跟他说吗？"

"我跟他说了，可他还是继续推我！"

"好！如果我去跟他说停下来，我去骂他，你觉得他会更喜欢你还是更不喜欢你？"

"更不喜欢我！"

"如果他更不喜欢你，你觉得他会更友善还是更恶意地对你？"

"更恶意地对我。"

"你觉得他会更喜欢我还是更讨厌我？"

"讨厌您！"

"所以，你觉得他能听我的话吗？我去说能让情况好起来吗？"

还有可能是这样的：

"可是，我能怎么做？"

"他打了你，到了需要去医院治疗的程度吗，还是为了烦你，让你生气？"

"让我生气！"

"那么，你生气了，他觉得很烦恼还是很高兴？"

"他觉得高兴。"

"你想让他高兴？"

"不想。"

"好，那就不要生气。如果他打了你，你没有被打痛，就算了，他会停下来的。如果他打你，看起来很生你的气，问问他是否生气了、为什么生气。如果你真的无心做过什么事让他生气，就跟他说抱歉，然后事情就结束了。"

第三种可能：孩子受伤了

"××打我了！"

"你受伤了吗？"

"是的。"

检查伤口，做一些必要的护理，这是首先要处理的事情，至于在此之后用什么态度对待攻击者，我们后文再讨论 (详见第十章)。

情况三
您听到了骂人的话

上述情况下，如果孩子过来找您，其回应方式就在上文；如果孩子过来请求帮助，本书接下来的章节也会给出建议。但如果您只是听到不太入耳的话……什么都不要做！如果您觉得孩子的状态不太好，或孩子不知道该怎么应对，就悄悄把他带到旁边，跟他说您可以教他怎么处理，但不是惩罚或禁止对方。

事实上，禁止骂人反而给受害者传递了"事情很严重"的信息：他被冒犯了 (这种感觉让我们在生活中变得"残废"！)，并让辱骂者觉得他的话语有效，因为他的话影响了受害者，还惊动了成年人!

父母们也不要紧张,您在家里不禁止他们,不代表他们出去就要骂脏话。他们早就学会了在外面比在家里表现更好,不是吗?在学校、在朋友家、在爷爷奶奶家……他们吃饭、说话、行为方式都跟在家里不一样,孩子能够很好地区分情境。

情况四
您亲眼看到孩子打架

兄弟姐妹之间打架和同学之间打架,原因都是一样的。请注意:孩子们之间即使打架,也不是真的想伤害对方(除了极少数情况)。他们想支配对方或报复,但最希望的还是让您站在他们一边。

兄弟姐妹之间争吵,规则很简单:父母越插手,孩子越容易吵架或打架。在学校,情况也有点类似,如果我们干预主观问题,孩子们就被鼓励不需要自己去学习如何解决问题,继续为"让成年人选边站"而战!兄弟姐妹吵架,部分原因来自于父母的干预。我们总觉得他们"一开始玩得好好的,最后总是会吵架",而实际上是他们"一开始玩得好好的，最终是为了让成年人介入而吵架"。他们想要的不是（或不仅仅是）成年人的权威，而是成年人对自己特别的关注。

父母们，如果您的孩子把别人弄疼了（对方没有受伤!）……让孩子道歉，其他不用多做什么!

这看起来可能很奇怪。您可以提醒他在家里需要遵守的规则：在我们家，我们不打人，我们不说某种类型的话，但不要勉强孩子；除了提醒，千万不要再多做什么。如果您惩罚他，限制他，他要么不做您要求他做的，要么为自己辩解，要么表里不一地做。他会生您的气，还会生同学/兄弟姐妹的气（如果在学校，还生学校的气）。此外，如果是兄弟姐妹之间，孩子为了保持关系上的优越感，还能找出另外一个争吵的主题。

请注意，如果您愿意采纳本书的建议，正如前文提到的所有"神奇答复"一样，情况在好转之前有可能会恶化。改变习惯没那么容易，孩子们以为只要多做一些就能够吸引您的注意力，得到您的支持。出于同样的原因，您需要每一次都使用"神奇答复"。

还请注意，不要以不介入为理由，真的让他们严重受伤。我说的不是打一拳或踢一脚之类的，而是孩子在楼梯边打起来或手里有危险的尖锐物品时，您就必须介入，拿走危险物品，让他们远离楼梯（"抱歉，我不能让你们伤害自己"）。

最后，请注意，即使您完全没有介入，也不意味着完全没有争吵。他们还会时不时吵一下，只要活着、住在同一个屋檐下，大部分人都会吵架。

我想问您一个"狡猾"的问题：如果您见过某些家庭里兄弟姐妹之间没有吵架的问题，在这样的家庭里一般成年人都做些什么？

答案是什么都不做。做得越少，问题就越少。

这种问题就像冰山一角，可见的一小部分是愤怒、欺负或支配，但大部分问题是隐藏着的（恰恰是船容易撞上的部分！）。因成年人介入关系试图解决问题，反而让情况更严重，问题逐渐在"水下"累积，就成了隐藏的部分。请让人尊重您的价值观，而不要试图解决所有问题！若有任何疑问，比如您知道家庭中有暴力问题，或者关系问题无法解决，请咨询家庭治疗专家，评估是否存在严重的问题。

兄弟姐妹之间的问题不是本书关注的，但我们十分清楚本书的这些规则也适用于兄弟姐妹之间。

如果孩子在您面前吵闹，或向您告状，请同样使用上文提到的"神奇答复"。请不要让您的反应看起来像是在鼓励某些行为。别忘记，孩子可能惊讶于您全新的态度。同样请注意：您必须每一次都使用这些方法，情况在改善之前可能会变得更糟——我们必须要有耐心，耐心等待就能看到成果。

教师们面临的情况更微妙，因为你们承担的法律责任不同，尤其在欺凌涉及身体伤害的时候。最好的处理方式是让涉事双方都有说话的机会[2]，引导被攻击者说出是否有人受伤、有人生气。如果他能说出来，接受道歉，并讨论生气的原因，那么冲突就可以结束了。但孩子们之间是否和好，取决于他们自己。

我们不能强迫孩子们和好，他们必须通过经验学会这件事。我们需要避开那些没有人真的受伤或只为了吸引成年人站队的事件，因为我们介入的目的是减少冲突（不是防止冲突，这是不可能的）。这样，教师可以更专心于教学，父母则有更多的时间做父母。争吵绝不会从这个世界上销声匿迹。

应该对目击欺凌的孩子说些什么？

在这个问题上呼吁孩子们表现出英雄主义，对于这样的呼吁，我感到无所适从。孩子们被要求站在欺凌团体和目标孩子中间，阻止恶霸辱骂被孤立的学生。旁观者不报告或不干预，就与欺凌者担负一样的责任。但我们忘了，不是所有孩子都希望成为英雄，也不是所有孩子都有能力这么做，他们也不一定有意愿这么做。我们忘了，做"和事佬"的人承担了相当大的风险，他可能会成为课间操场上的受害者。怪罪旁观者的成年人肯定忘了这一点。很多时候，旁观者真诚地热爱正义，但没有勇气扮演英雄或在这些使用暴力且可能更加凶狠报复的"小暴君"面前出卖自己的尊严。

那是不是意味着什么都不做呢？当然不是！

显然，我们总是需要报告"客观损害"：身体伤害、暴力、性侵，这些行为都是法律禁止的，绝对不能放过。有些情况下，我们需要冒着风险去报告。

但是，看到有人被辱骂、嘲笑，旁观者有时需要一些建议才知道该怎样去调停而不暴露自己；帮助受害者摆脱困境而不那么明显地挑战欺凌者，不承担那么大的风险。

第一种可能：做受害者做不到的事情。

举个例子：如果一个孩子被嘲笑了，旁观者可以以自嘲的方式增加夸大的效果。

　　"是啊，他真的好笨，但我觉得我更笨……还有，如果你见过我爸……"

或者在欺凌者希望支配的情境中：

　　"他的牛仔裤确实太烂了，有点像我的……你的太好看了，在哪里买的？"

　　"是的，他有点残疾，确实需要帮助。我们帮帮他？"

或者在欺凌者觉得自己受过伤害的情境中：

　　"哎呀，他肯定让你觉得很困扰，你才这样对他。你很生他的气吗？"

把愤怒用语言表达出来可以减少其化作行动的概率。[3]

　　用这种方式，旁观者可以缓和不断升级的紧张气氛，转移焦点，赢得一些时间。

　　我们也可以建议旁观者使用"神奇答复"，例如：

　　"他说你是……你相信吗？"

　　还有一种可能是让受害者了解游戏规则。跟一个没有被欺凌的孩子玩"傻瓜游戏"，让他向其他人解释规则，甚至训练其他人。有些我培训过的孩子会跟自己的朋友一起玩"傻瓜游戏"，对于这些朋友来说，那是真正的礼物啊！

那么在家里呢? 在竞争和冲突中帮助孩子们

孩子们之间打架, 每个人每次的角色都差不多, 那就教他们玩"傻瓜游戏"。让爱打扰兄弟姐妹的孩子停下来的最好方法, 就是不要找他麻烦, 保持和善; 提醒他们, 情况在改善之前会变得更糟!

为了让孩子理解规则, 您扮演被欺负的孩子, 并让孩子扮演攻击者或父母。

例子: 哥哥打了弟弟, 妈妈来了。

妈妈:"哎哟, 你消停会儿。"

哥哥:"但我什么都没做, 是他一直在烦我!"

弟弟:"没有, 是他打我, 妈妈!"

妈妈:"你比他大, 你这样会弄疼他的! 回你的房间待着!"

哥哥:"我没弄疼他! 太不公平了!"

妈妈:"够了! 回你的房间待着, 罚你不能玩游戏机! 在你道歉之前, 不要回到这里!"

弟弟:"谢谢, 妈妈……"

哥哥(咬牙切齿):"你走着瞧, 你……"

您可以猜到结局: 他们两个人还是互相生对方的气,

哥哥还生妈妈的气，等着"报仇"，而弟弟等于被鼓励去找妈妈抱怨。这样的"胜利"让他学会的就是每次受到威胁时都要寻求帮助……

同样的场景，再来一次：

妈妈："哎哟，你消停会儿。"

哥哥："但我什么都没做，是他一直在烦我！"

弟弟："妈妈，没事，我们在玩，他没有弄疼我！"

妈妈："好，但是他比你大，可能会让你受伤！"

弟弟："我知道，但我们在玩。妈妈，而且我也有点儿烦他了。不要罚他！"

妈妈："好吧……就这样，但是，你们声音小一点儿！"

哥哥不会那么讨厌弟弟，亲子之间的关系没有被破坏，妈妈不那么想惩罚孩子（或加重惩罚力度），事件结束后所有人都更开心。

关于复盘，我们可以问孩子这些问题：

"我扮演弟弟的角色，而你扮演妈妈的角色，什么时候你更被喜欢，是第一次还是第二次？"

"哪一次我看起来更成熟，第一次还是第二次？"

"什么时候你更为自己感到自豪？"

"哪一次你觉得哥哥更喜欢你？"

"两次中哪一次他被鼓励继续做坏人或友善一些？"

我们也可以在咨询室或其他地方，教孩子如何面对"家长的欺凌"，在角色扮演中让他看到第一次对于责备的普遍反应（抱怨、辩解、辩护……）与以下回应的区别：

"我记得我没有这么做，但如果你认为我应该回房间待着，那我就去……"

或者：

"好，我做错了。你想让我去房间待着，对吗？"

然后，玩第二轮。

孩子扮演父母的角色，即在第一种情况下他生气了，毫不妥协地惩罚了您所扮演的孩子（孩子知道如何很好地模仿父母）：

"我不想知道，我受够了。现在，我要没收你的游戏机！"

另一种情况就是他不那么想惩罚，并为跟您所扮演的孩子吵架而感到内疚……

我想说，在现实生活中，有时父母非常忙乱或处在压力下，有些父母更容易生气，这些家庭中的孩子需要学会如何顺利脱身，不让自己陷入激烈的情绪反应中。[4]当然，身体虐待或其他触犯法律，需要警察介入的行为不在本文讨论的范围内。

在这些惨剧中（甚至在疑似情况下），我们需要采取所有合法措施，提供关键信息，报告相关部门或采取其他保护儿童的措施。如果我们觉得可能有儿童被虐待或亲眼见到儿童被虐待，就不要迟疑，立刻拨打紧急电话，对方会告诉我们应该采取什么措施。

有时，出于这样或那样的原因，我们无法及时报告情况让相关单位介入[5]；甚至也有可能您以为危险已经过去了，它却再一次上演；等等。有时情况非常复杂，我们需要在相关单位实际介入或抵达之前，先给孩子一些建议；有时甚至有必要教孩子为了避免暴力升级如何平复受伤害的感受。即使在我们应该给予实际帮助或介入之前，让孩子明白自己并不是无助的，学会最低限度地掌控他们能决定的事情，这些建议就像氧气罩，让人在近乎窒息的情况下能够喘息。

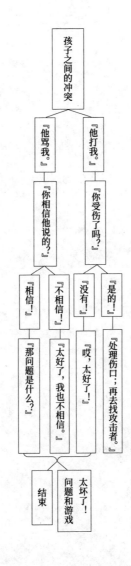

第十章

─ ●─

"这是成年人的问题！"
答疑

─ ●─

"人是问题，是'什么？'或'是什么？'"

马克－阿兰·瓦克宁①

（Marc-Alain Ouaknin）

───

① 法国哲学家、作家。——译者注

还有些人经常问到的问题，我将记录在本章。我知道肯定还有别的问题，本书能够引起许多激烈的讨论。我迫不及待地想听到这些讨论！

关于欺凌的其他形式

欺凌是否只发生在孩子身上？它也发生在成年人身上吗？

31岁的娜塔莉6个月前就职于一家公司。她是公司里最年轻的员工，其他同事们的工作年数比她多15年甚至20年。他们不适应娜塔莉这位年轻女性的到来。受伤的娜塔莉哭着对我说，她从未伤害过他们。

"可他们一直贬低我，让我觉得自己犯了好多错误，怀疑自己能力不够，现在他们对我说：'如果你说的这些让老板生气了，你也别吃惊……'情况变得难以忍受了……"

她想让我给她开病假证明。我这样回答她：

"好的，您觉得痛苦、焦虑、疲倦，他们对你很不好，看得出来。如果您想请病假，没有问题，我可以给您开证明。您的状况也不是不能开证明，只是我有个问题。如果我告诉您，有一个解决方法，可以让他们停止用这样的方式对待您，您会不会跟我说已经太累了，不想尝试这个方法（无论如何，不管怎样，我都可以给您开病假证明——足够长的病假日），还是您愿意试试看，例如用两个星期的时间试一下这个方法？"

"嗯，我不知道怎样才能让他们停下来，但好吧……是的，如果能安静地工作，我可以再坚持两周，的确可以……甚至可以更久，因为我喜欢这份工作、这家公司，但不喜欢这里的工作氛围！"

"如果您请了病假，就说明他们对您的影响非常大，您觉得他们会反省吗？会觉得困扰吗？"

"不会，他们反而很高兴。而我总有一天要重返工作岗位，他们只会觉得我真的很脆弱，他们的小攻击非常有效……"

"确实。但是我再说一次，如果您感到快承受不住了，需要抽身或离开公司，我也会帮助您。但如果他们看到您的脆弱，当您重返工作岗位时，他们会更喜欢您吗？会停止伤害您吗？"

"不会，他们肯定会让我付出更大的代价……但是，如果我留下来，他们也会继续，最后我就彻底崩溃了⋯⋯"

"这样他们就赢了吗?"

"是的⋯⋯那么,该怎么做呢?"

"您想玩游戏吗?"

"玩游戏?"

三个星期后,同一个来访者面带笑容地出现了。

"确实很不容易,在事态平缓之前有好几天确实很难熬,但现在好多了!我们之间的对话差不多是这样:

'你看到这个错误了吗?'

这里,我没有解释或为自己辩解。

'哦,天哪,谢谢你指出来!我都没看到!'

'是的,这样的错误,说实在的,我已经有段时间没看到了⋯⋯'

'跟像你这样有经验的人一起工作真不错,我能避免因粗心而犯错了。谢谢!'

'呃⋯⋯不客气!但是,呃⋯⋯你得注意点,因为我可不只有这件事要做!'

'当然,我让你浪费了时间吗?真的很抱歉!'

'呃,没有,但是,还行吧,如果不及时纠正你,后面更麻烦!'

'确实，嗯，这样我们就避免了工作量变大！（我朝她微笑。）'"

就是这样！

"医生，我跟您说，她真的朝我笑了，虽然笑容很快就消失了，可是她对我笑了……我脑子里的想法是：'至少，她现在不那么想打我的小报告了吧。'从那时起，我就能够保持冷静，不再时时刻刻为自己辩解，就让他们觉得自己很厉害（我费了点力气才让自己做到！），我的努力有了结果！工作氛围变好了，我想我不需要请病假了……"

这样的案例，我有几十个。

这里我想提醒的也一样，所有"客观"攻击、所有冒犯法律的行为都应该被谴责。但是，职场欺凌通常很隐蔽，有时候就是一些小小的评论，没有证人在场（或证人不敢说），要让对方受到惩罚简直难如登天。如果某些企业的管理层能改变管理模式，那么员工在产生倦怠感之前，知道如何摆脱职场欺凌是非常有用的。

当然，我们也可以在家庭中使用这些技巧。我们可能感到被配偶、孩子，或者父母威胁或欺凌，下定决心不再让他们影响我们，用出乎对方意料的善意让他们停止攻击。

那么街头欺凌呢？

这种欺凌事件最让人难以忍受的一点是：调查显示，几乎所有的受害者都是女性。在街头，对他人的身体指指点点、居高临下地"调戏"或轻佻地邀约，所有这些都制造出一种不安全的氛围。这种现象可能表明社会环境对女性来说很沉重；欺凌者性别歧视，希望男性掌控全部的公共空间，男性有权让遇到的女性感到害怕，有权威胁她们或仅仅为了好玩而戏弄她们。我非常希望大家的想法能够改变，希望街头欺凌有一天能销声匿迹，或者在欺凌现场有目击者介入。

但在此之前，在个人层面，有一些可遵循的原则：有那么多街头欺凌事件，不是所有流氓（从统计学来看）都是潜在的强奸犯，骚扰大部分是为了引起对方的恐惧从而获得快感。[1]比较典型的骚扰是：有人对走在路上的女性说性别歧视的言论，这位女士感觉很糟糕[2]并表现出自己的恐惧情绪（"小姐你好，给我你的电话号码吧！"/"走开！""别打扰我，我跟你毫无瓜葛。"）。一般情况下，女性难以反击，甚至表现得很被动，如低头、看着地面，这样做就等于承认了骚扰者确实有权力那么做；可是，如果女性生气或骂回去，也说明自己被影响了，容易让事件升级到攻击性更强的地步！通常，这样做反而让对方继续欺凌行为（"哦，别这样，给我你的电话号码，这条裙子是穿给谁看的？"），甚至暴怒、威胁（"哟，可别装无辜，婊子！"）。

有些女性希望自己有不一样的反应，这些不一样的反应很接近本书方法的精髓，就是不给骚扰者影响我们的权利。很明显，让骚扰者措手不及，通常可以避免暴力升级。

举个例子：

"哎，你，说你呢，你有几分姿色。"

"是啊，我身体很好。"

"小姐，你很美。"

"谢谢，你真好。"

不同于我们所认为的，这样的回复让对方措手不及，麻烦立刻就结束了！街头骚扰者要的不是调情，而是控制。

"嘿，今天晚上你不想跟我约会吗？"

"哦，我吗？真的吗？哦，天哪！我妈该高兴了。"

"哟，漂亮的小屁股！"

"哦，谢谢，因为我重新开始运动了！"

"嘿，给我你的电话号码！"

"好啊，你记一下？"

事实上，这样的回答完全出乎对方的意料。如果他真的要记，给个错的号码。比起跟他说对他不感兴趣，这样做，我们会更快脱身。

当然，这样回答有时候不是那么容易的事情，有时一句你好、谢谢或微笑就足以让对方措手不及。你也可以用"有刮痕的光盘"这个技巧：

"啊，好吧。"

对方会觉得无趣。你也可以说些其他的：

"嘿，给我你的电话号码！"

"你知道现在几点了吗？我手机没电了，不知道我看完医生之后玩具店是不是还开着门，去逛一下也不错。但是算了，祝你一天愉快！"

不是所有人都能如此正面地回应，因为这需要事先准备。在被惊吓的状态下，人们通常很难自如地应对。另外，我的意思也不是这个方法百分百有效，没有一种方法是百分百有效的。如果周围有人，显然更安全。一位被骚扰过的女性对我说：每一次都勇敢面对很累，一直做受害者也让人很不爽，而且被骚扰的人需要一直努力，她们对社会现状和人们的思想改变如此之少感到失望……的确如此，但是，对个体来说，这个方法可以制止骚扰，而且相较于可能发生的暴力升级和骚扰者利用受害者的情绪进行攻击的情况，这种情况显得没那么可怕。

关于欺凌者

如果对方不是被欺凌者，而是校园欺凌的始作俑者，我们应该照顾他、帮助他吗？

这样的情况可能发生在心理咨询室、学校里，或者您自己的孩子被指责是攻击者。

对于专业人士来说，需要判断欺凌者是否有心理疾病（非常少见）。在大部分情况中，欺凌者来到教师、教育督导、心理医生的办公室，或者面对要教训他们的父母时，尤其容易有受害者心态，这与心理疾病无关。他们觉得那些针对自己的惩罚是错误的，他们被贴上了标签，被归于某一类"坏孩子"，然后才被允许发声。而且，他们肯定是全世界最无法心甘情愿地承认以下这些的人：是的，他们很坏，欺凌了同学，需要被原谅。与其让他们出于害怕而承认，还不如什么都不做。有些人不再觉得自己是受害者，不再对权威和欺凌对象感到愤怒，感受到自己的心声被听见之后，才能够对自己的行为进行必要的反思，从而承认自己的错误。基本上，坏人总是别人，指责他人总是比改变自己更容易。

我接待了年轻的戴维，他看起来不是很强壮。他很生气，生父母的气，生学校的气，生一个总说他欺负人的同学的气。

"可这不是真的，是他总来惹我，对我说很难听的话，叫上别人一起欺负我！"

"够了，戴维！你撕坏了他的东西，你把他从楼梯上推下来，他的手臂因此骨折了！你甚至把马桶里的水倒在他头上，更过分的是你还大笑不停！"

戴维忍不住笑了笑，我努力忍住不笑，因为他母亲正怒视着我们。

妈妈："现在，够了，我们来看医生，就是想让医生告诉你，你不可以这么做！对吗，医生？"

医生："一般情况下，您的孩子会做残酷的事、做坏事吗？在家里，伤害别人让他觉得高兴吗？"

妈妈："不！他……其实非常友善……只是最近这几个月突然变得让人受不了！"

医生："戴维，你生气了吗？因为如果是我，遇到这样的情况，我真的会感到非常生气……"

戴维："呃……是的,我很生气。"

医生："啊,他肯定让你生气极了,所以你做出那些事情来。"

戴维："是的……非常生气。而且受罚的人是我!"

妈妈："可是,医生,即便如此,他也不能做那些事吧……至少您同意这一点吧?"

医生："戴维,你为了那些事受了什么惩罚?"

戴维："留校、见校长、见家长、三天不能去学校,还有其他一些惩罚……"

医生："所以,你为了他被惩罚,因为……"

戴维："哎,要知道,我做到那个地步,都是他的错!"

妈妈："确实是,但医生,无论如何,这也不是那么做的理由啊……"

戴维："妈妈,我什么也没做错。好吧,我本来还可以做得更过分……揍他的脸!"（泪水涌出他的眼眶。）

在这个阶段,重要的是让他知道我明白他的感受,而不是确切地判断谁对谁错,或对了多少错了多少。所以,我没有问他对方做了什么。实际上,戴维后来跟我说了原因,但这一点对于我们要做的事情一点儿也不重要。

"我明白了。所以，戴维，基本上你的意思是'我在报仇，这是他应得的'。"

"正是这样！"

"可是你被惩罚了……还被送来看心理医生。"

"就是这样。"

"所以，最终……谁赢了？"

"什么？"

"嗯，我的意思是，好，你报仇了，可是最终你觉得你被惩罚让他更难过了吗？"

"啊，没有！他很高兴，这个蠢货！"

"好，如果这样继续下去呢？如果你继续报复他，你还会遇到麻烦吧？万一你被学校开除了呢？"

"管他呢！"

"我能理解，你当然毫不在乎，你不是那种会为这件事哭哭啼啼的人。但是，如果你被开除了，谁赢了？谁真正获得了自己想要的东西？"

"……"

"你想让他输还是赢？"

"让他输……"

"当你生气，当你做能做的一切去烦他，就是他赢了，因为他影响了你。然后你还因此被惩罚，他等于赢了双倍。如果你疯狂地报复，结果却是你被开除，你就输了，全盘皆输。你想成为赢家，还是成为最糟糕的失败者？"

戴维没有说话，挑衅地看着我，他开始明白了。

"你看，我在这里是为了帮助你好起来，所以我不希望你陷入麻烦。我想要的就是避免你被惩罚（妈妈瞪大了双眼），也不想你输给对手！"

来访者发现我跟他站在一边反对惩罚他的系统，感到非常惊讶。

"问题是你要输非常容易，就是继续被他影响。你生气，伤害他，所有人都看着你，你输了。还有一种让你赢的方式，很容易，但是……我不知道你是否真的想赢……"

"当然想！"

"好……如果他影响你了，你生气了，他就赢了；反过来，你要赢的话就要……"

"就要不生气？"

"对的，不生气，完全不被他影响。这样你觉得他是开心还是不开心？"

"(笑)不开心！"

"这样，谁看起来更像傻子？"

"他！"

"如果你完全不被他影响，他会做什么？"

"他会生气，会做出让自己被惩罚的事！太好了！或者，可能他觉得那样做很傻，就停下来了……但是我可以做什么？"

"嗯……你喜欢玩游戏吗？"

"我喜欢！"

"那我们玩吧？"

需要惩罚他们吗？

如果冲突是无法简单处理的——简单处理的意思是不需要多方介入、只需要双方之间进行沟通，或攻击者造成了客观损害，且没有表现出一丁点儿懊悔，那么显然，他要学会为自己的行为负责，就需要实施惩罚。但请记得"罪与罚应该成正比"这条谚语，而且惩罚应该跟所犯的错误有关联。

因此，我们需要对以下两个概念进行区分：

● 惩罚

◉ 恢复性惩戒

惩罚与所犯的错误不一定有关联，也不总是成正比。假设惩罚能够改变受罚者的行为，那么主要原因也是恐惧和震慑。讽刺的是，这也是我们的做法：一个学生因为侮辱他人而被惩罚或开除，因为嘲笑他人而被留校察看，因为未让对方受伤的推搡而被传唤到警察局。

我们大多数人宁愿被推倒（没有受伤），也不愿被拘留；我们宁愿别人对我们说一个愚蠢的笑话，也不愿在学校多待三个小时，做一些无趣的事情，甚至被开除。我们会选择的是相对没那么严重的事情，攻击者很清楚这一点。受罚的攻击者感受到的这种不对等（即所受的惩罚比所犯的错误更重），对他们来说就是极大的不公平，这些也无法激励他们改变。

抄书和其他比较传统的惩罚不能改变任何东西，孩子学不到什么，这些惩罚也与他们犯下的错误无关。受罚者感受到的痛苦并没有教育意义。我并不是说开除绝对无效，但这必须是最后一步，且唯一的目的就是保护群体的安全，而且需要公开如实说明。开除不能解决任何问题，也无法阻止暴力行为的升级。

所以，请不要对攻击者生气。对打人的学生感到愤怒是人的自然反应，但这样的反应破坏了某些关系，这个学生会对被打学生更生气；如此一来，您不仅没解决问题，还失去了他愿意听您的话改正的机会。

相反地，惩戒与行为是相关的，更注重恢复性，而不是压抑、打击。最好的情况应该是事先说好规则，所有人都接受这些规则；若有人破坏规则，就要接受惩戒。

我们要在孩子还小的时候就教他们犯了错误，就要去修正这个错误。如果孩子打翻或打碎了什么东西，他需要帮忙收拾干净；如果他无法动手做事去弥补，就象征性地让他去给受伤的人帮忙。比如，在学校里，欺凌者打伤了被欺凌者的手臂，老师要求欺凌者在被欺凌者的伤势恢复之前，帮后者背书包。

需要见家长吗？

如果可以的话、如果可能的话，请不要把家长卷入欺凌事件（或许我说的让您感到很惊讶）。孩子们互相指责，而家长总会保护自己的孩子！一旦家长介入，除了一开始孩子之间的问题，您还需要处理家长之间的矛盾。

如果学校规定必须找家长谈，尤其在有人受伤的情况下，请试着说服家长尽量不要惩罚欺凌者，告诉家长这是在学校发生的事情，学校会采取惩戒措施。³我们不要冒险让孩子除了对学校和最初的那个受害者生气之外，还对父母生气。

请相信我，一个人若对全世界感到愤怒，就很难会停止暴力行为并成为听话的学生！即使要见家长，也鼓励家长去理解孩子。他们作为父母的任务，更多的是问问孩子生气的理由，找到问题的症结所在，帮助孩子"去受害者化"。

"去受害者化"？说到底，我们对抗的是欺凌，还是受害者？

我们当然不是"反对受害者"，恰恰相反，我们站在他们一边，支持他们，理解他们所受的痛苦，帮助他们脱离困境，但是我们反对受害者心态或受害者身份。这样的心态或身份认同对任何人都无益。如果这种心态或身份让关系持续恶化下去，成为某人终身的标签，情况就更糟。

在学校操场上，没有人会觉得自己是欺凌者。⁴有些人只是想控制，想被尊重，想被很多人喜欢，把惹恼别人当作好玩的事。他们甚至可能完全意识不到自己会对他人造成伤害。

还有一些人觉得自己是受害者，找几个替罪羊作为攻击的对象。有受害者心态的欺凌者觉得自己有权报复，使用暴力合情合理。

而被盯上的攻击对象也延续了受害者心态，这种心态要么以无力感和被动的感觉出现——足以毁掉被攻击者的一生，要么以报复心态出现——足以毁掉他人的一生。此外，这样的受害者心态还可以让被攻击者进行自我攻击。

受害者的经历必须被承认、被正视，永远不要因为发生在他们身上的事情而责备他们。我们需要承认受害者的情绪，包括痛苦、悲伤、愤怒、无助、绝望，不带评判地接纳这些情绪。同时，我们需要清楚这些情绪没有治疗作用，无法让人感觉好起来，因为这些情绪不能发展出心理韧性，我们要做的就是面对并战胜这些情绪。

蔡阿尼亚曾经是非常严重的性暴力受害者，也是"韧劲者协会"(Les Résilientes) 的创始人。一天，她非常清楚地跟我解释了为什么承认受害者身份绝对是摆脱这个身份的第一步。"我无法选择我的过往，但我可以选择我的将来。……我需要承认'自己是一名受害者'这件事，人们需要知道，我是无辜的。(受害者的身份) 在某个时刻是必要的，但也必须被战胜。……我不能把自己关在这个身份里面，在其中我只有痛苦，不能做自己人生的主角。……现在我不再是受害者，我不想继续停留在受害者的身份里，我想摆脱这个身份，我不想让苦难定义我。"[5]

或许对于所谓的主观暴力、口头暴力等造成的结果也应该如此看待，甚至更应如此看待。

我既不希望合理化某些人的被动和无助感（而是帮助他们，让他们坚强起来），也不希望合理化另外一些人的暴力行为（而是平息这些暴力）。

因为，无论如何，我们面对的挑战就是"去受害者化"。

关于情绪

可我不知道怎样才能做到！我们如何才能够假装克服了恐惧或愤怒？我们不应该去感受情绪吗？难道要否认情绪？可是，所有好的教养方法都说应该让孩子表达情绪！

情绪是心理领域中最基本的要素。成为强者不代表没有情绪或不可以表露情绪。准确地说，情绪非常宝贵，所以不应该随便在任何地方流露情绪，尤其不应该在利用情绪来对付我们的人面前表现出来。但是，如有需要，我们可以在信任的人面前表达情绪。

情绪也是我们观察和思考所结的果子。

如果我想"他不应该跟我说这些，否则……"，我会感到愤怒。

如果我想"天哪！我不希望他跟我说这些，太可怕了，令人难以忍受"，我会感到伤心、沮丧。

如果我想"哦，拜托！今天他可千万不要再对我说那些话了！"，我会感到害怕，甚至可能有恨意或报复的欲望，因为那是我们受伤时所感受到的。

总之，愤怒、厌恶、报复、恐惧、抑郁……这些都是我们在攻击者面前觉得自己是受害者时所感受到的情绪。我们无法阻止自己感受情绪，但我们不要只是告诉孩子去感受、表达情绪……不要停在这里。仅仅保护陷在情绪中的孩子会让他觉得情绪让人变得脆弱，自己处于弱势。我们可以教他们制胜法宝，包括我们有权感受情绪，但需要注意表达情绪的方式和场所，这样才能保护自己。

此外，我们还可以改变自己感受的方式。

如果我想"哎，他确实有权利跟我这么说！"，我就既不觉得伤心，也不觉得愤怒了，剩下的就只有不在乎了。

甚至，我可以想 (如同某些孩子)："他们攻击我，但过五分钟就没什么可说的了……"我还因为别人的攻击让我有机会使用"傻瓜游戏"而感到高兴呢！

不，不是所有人都可以做到这一点，但有些孩子觉得，如果他人 (用话语)攻击他们，他们就可以在实际生活中实践"傻瓜游戏"，并因此而感到很高兴。您不相信我说的？您是对的，不要相信我，您自己去经历就知道了。

那么，我们鼓励的是被动、任凭别人胡作非为、忽略别人吗？

绝对不是！需要我们忽视的只有敌人。

我们在这里使用的是主动的方法，就表明我们没有受到影响，我们可以保持和善。

那么，我们需要对所有事情都说"是的"？我们保持和善，我们不反抗，我们顺从吗？

绝对不是！保持友善不意味着我说"是的"。恰恰相反，我们非常清楚自己的目标，礼貌地说"不"；我们没有站在欺凌者一边，决不！我们只是强调欺凌者"他有权利那么想"，两者是不一样的。

"滚开!"

"啊,你不想跟我站在一起,如果你想,你可以离开这里,没有问题。"

"大蠢货!"

"好吧,如果你觉得我很笨……"

"快去自杀吧,你一点儿用也没有。"

"你这么对我说话,应该是很生我的气吧……我做了什么让你生气?"

"没,就是因为你很没用。可怜虫,去自杀吧。"

"好,如果你觉得我很没用,好吧。"

让人去自杀(就算听者没有心理疾病,也可能被影响),这样的话可能会被重复很多次。因为听到的孩了认为这样的话很伤人,希望说这种话的人不要对他这么说,所以就让自己被这些可怕的话语影响了。如果被攻击的孩子没有任何心理疾病,我们就需要陪他一起思考:如果我们允许对方说这些话将发生什么?他们会不会就不想继续说了?

我的一位来访者向我讲述了她在脸书上的留言:"谢谢你们留言叫我去自杀,我非常理解你们觉得我一无是处,希望我死,但这件事不在我的计划中。如果你们对我非常生气,到了希望看到我死的地步,我感到很抱歉。如果你们想继续给我发这样的信息，没有问题，只要这让你们开心。但非常抱歉的是，我不会回复所有人的信息，因为我觉得自己已经明白你们的意思了。祝你们一天愉快！"后来，让她去自杀的留言就少了。

如果不害怕且保持和善，我们是否会成为被嘲弄的对象？大家是不是会认为我们"太好太傻"？

不会。反而是禁止对方说那些话，或让自己成为"理想的"受害者，才会让我们成为被嘲弄的对象！受伤越严重，就越容易成为嘲弄对象。我们想要的只是让攻击者停止攻击。

那么，如果对方觉得我们"太傻"，该怎么做？我相信看到这里，您已经有答案了。

关于学校和成年人的角色

作为成年人，我们难道不应该教他们不要说粗话，而不是教他们言论自由吗？

关于说粗话，我在这里不会列出具体的行动指南，我只是表达我的立场，这也是有教育意义的。粗话，就是指粗鲁、粗糙的语言，不应该到处乱用，但粗话充其量也只是话语而已。言论自由在这里非常适用，因为对方说了粗话而生气，就等于是用禁止对方说粗话的方式赋予粗话"力量"，孩子们反而更想说。孩子们很清楚，有些粗话虽然不被允许，但似乎有吸引力。请放平心态！因为您越是生气，他们就说得越多！

如果您希望他们不要使用这些字眼，就平静地跟他们说："在家里不要说这些话。"不需要生气。如果他们继续说，不严重的话，就忽略，只有在他们带着尊重的口气说话的时候才回应他们；对于您不喜欢的字眼，不需要太重视。请记得一件事：孩子们始终在模仿我们。

而我，我倾向于对孩子说——那些只是词语，仅仅是词语而已，如果我决定不让自己受影响，这些词语完全无法伤害我，我也不会为此生气。他们可以继续说，这不是犯罪，只是词语。这些话不礼貌，也不美好，所以我不会主动教孩子们说这些话！但有时我也会说，只是我会注意不合适的场合。例如，一个成年人参加工作面试，对面试官说这些话，他有可能就不被录取了。面对公职人员，最好也避免说这些话。如果我们与未婚妻/夫的父母见面，说很多粗话，很可能会得到非常负面的评价。可是，如果是我自己私人的场合，我不会花太多精力去注意措辞，就可能会说粗话。

不举报欺凌行为（如果不是情节严重的欺凌），是否就是在削弱学校的能力？

不是。我的建议反而提升了学校的能力！因为我极其尊重学校和其中的工作人员，所以我对学校有两个建议。

对于学生报告的客观伤害事件，本书的方法提升了学校保护学生的能力。如果学校教导学生报告引起客观伤害的欺凌事件并采取行动，采用适当的、保护性的、修复性的措施，就能更好地保护受到伤害的孩子。有关部门应该考虑恢复性制裁或修复性惩戒，而不是固定的惩罚制度，因为从长远来看，后者不解决任何问题，而学校需要通过与问题相关且成正比的惩戒让攻击者在青少年时期成长、改变。

本书的方法能够强化学校的教育功能。学校是孩子学习社交技能的主要场所，在这里从事教育工作的人需要借助工具去面对这些问题。我认为如果在教师、教育督导、监管者之外有专人去教导孩子如何面对欺凌，而不是让他们在做本职工作的同时还兼做监管学生行为和言语的"警察"，教师或其他工作人员就能自在很多。这样，我们就可以用非常简单的方式教孩子如何面对欺凌，如何面对恶言相向的人，如何以合适的方式表达他们的情绪。

这个工具其实就是发展孩子的自主性，这本来就是学校最崇高的目标之一。

教师、家长以及其他任何人都可以用这个方法解决与欺凌相关的抑郁和创伤吗？

不行！绝对不行。我们不是要所有人都成为即兴发挥的心理医生。面对抑郁症、创伤症候，我们需要咨询专业人士。这里我们需要区别两个不同的问题。

一个是抑郁症、创伤症候、焦虑症，这些问题需要心理治疗，以及药物或其他方式治疗。

另一个是学习社交技能，帮助孩子面对冲突事件，摆脱困境。

本书介绍的所有内容都是针对第二点的，在面对大多数欺凌案例时已够用；但如果出现第一点的情况，我们可以以预防为目的，用第二点内容进行补充。若您有任何疑问，当然需要咨询专业人士。

有些孩子不会把问题说出来，那么如何发现他们处于痛苦中，让他们吐露心声，并教他们这些技能呢？

父母最了解自己的孩子，最能够察觉孩子是否改变了习惯，是否感到痛苦，是否退缩或有其他方面的变化。总之，父母能观察到孩子行为的变化，比孩子自己说出来更有效。

但沟通困难，也是因为我们缺乏可以使用的工具（至少在没有经过教导就去面对欺凌的情况下是这样的）。

有些父母下意识地不愿去找问题出在哪里，害怕不知道如何有效处理。值得一提的是，很多孩子不愿意谈论，是因为他们知道父母一定会干涉：去学校，约见校方，要求学校惩罚欺凌者，甚至替孩子生气。孩子担心这些是有道理的，因为那么做只会让情况恶化！

矛盾的是，传统的反欺凌方法并没有让孩子更容易相信成年人可以处理学生之间的冲突。

如果我们希望孩子们开口跟我们谈论欺凌问题，就需要让他们知道我们不会代替他们采取行动，而会告诉他们该怎么摆脱困境。总之，若我能鼓励孩子们去跟成年人——例如已经把本书读到这里的人谈论这件事，我将感到非常高兴。

此外，如果孩子还未经历任何欺凌，我不太鼓励成年人教孩子传统的反欺凌方法。

为什么前一章叫第九又四分之三章？

很多读者肯定知道这与《哈利·波特》有关。为了不破坏未读过《哈利·波特》的读者的乐趣，我先不透露细节。已经读过的读者，您肯定明白这章也是个关于欺凌的故事——它甚至是构成故事情节的主要元素。在这个故事中，我们发现有些人本质是好的，却放纵自己去欺凌他人，觉得欺凌他人只是好笑，殊不知后果极其严重。故事中，还有一些人没有足够的心理韧性，当他们觉得自己受到很深的伤害后，就变得很残忍，会欺凌他人，他们是有血有肉的，不是没有感情的。这个故事深刻、细腻、复杂，让我们看到善与恶、人与人之间的关系多么不简单。有时，我们需要面对自己的恐惧，在别人面前挺直腰板，而正是这样的面对让攻击者措手不及。要赢得胜利，我们不是要成为最能打架的人，而是要成为这样的人：不管经历多少打击，总能站起来，拥有随着时间的推移而不断增长的心理韧性。

结

论

"我要跟你说一件你已经知道的事。世界，并非充满了阳光和彩虹。而是一个可怕的地方，充满暴风雨、考验，尽管你很刚强，生活会让你屈服，总是让你屈服，如果你对生活放之任之。你、我、任何人，没有人能比生活给你的重击还要强！但重要的，不是你给予的反击，而是你如何接受并继续前进，你努力承受，昂首挺胸，继续前进。如此，我们就赢了！"

——电影《洛奇·拳王再临》（*Rocky Balboa*）节选

改变

所有这些就像在学习玩游戏。通过这些，我们教会孩子在面对生活中无法避免的恶意时选择一个让他更强、更有尊严、更有韧劲的方向前进。

我们教他们在应对别人的话语时如何让对方卸下"武器"，不去勉强，保持韧劲。

这有时很矛盾。

我们希望他们服从我们，做我们要求的事情，理解我们想传达给他们的信息，即：

● 他们要对评价敏感——我们的评价。

同时，我们希望他们自信、积极，走自己的路：

● 他们也不能总对评价敏感——别人的评价。

通过关系游戏的学习，他们学会面对话语攻击者时要站得稳，所以他们在家里变得更难被话语左右——不管是兄弟姐妹还是父母说的话，您无须感到惊讶。我看过很多孩子变得更加自信了，也不那么容易生气了。很多家长跟我说过类似的话：

"这很好，她在学校再也不会被干扰了。但在家里，我也不能再对她发牢骚了！以前，我叫她收拾一下，她就不高兴、发脾气。现在她这么回答我：'啊，是吗？爸爸，你觉得房间这样凌乱太烦人了？'我不得不降低音量，没法再继续生气了！"

"当我跟他争吵时，他对我说：'妈妈，你生气了？'然后，我就不知道该说什么了……"

"当他哥哥嘲笑他时，他回答：'你确实做得比我好，太棒了！'然后他们再在一起玩，关系更亲密了，而不是像以前那样经常打架。"

好了，现在您已经知道了，改变是要付出代价的。但付出代价会获得可贵的回报：孩子越来越成熟，在人际关系中更加自由。

那么，我们再玩一次？

希望

所有这些就像在学习玩游戏，但也在教导孩子。让孩子拥有心理韧性去面对外部世界的攻击应该是教育的一部分，因为这会让他们终身受益。

在心理上没有准备好，就会让自己成为容易被盯上的目标，甚至发展到真的被盯上。支配者、嘲笑者、易怒的人、受过伤害的报复者，这些人到处都是，我们无法避开。除非我们拥有无敌好运，一生都不会遇到语言暴力或肢体暴力——那几乎是不可能的，否则，知道如何玩"游戏"将再次派上用场。

对于发生在我们身上的事，我们无须负责，但如何回应是我们的责任。

当然，我的意思不是只要读完本书就能学会如何面对这一切，很多被欺凌过的人都是通过痛苦的经验（我当然不希望任何人有这样的经验）学会在与他人想法不同的时候保持谦逊、坚强、有韧劲、冷静、包容的。

这里介绍的方法简单、有效、易操作、符合常识，甚至非常有趣。孩子们很高兴把与人的关系视为一场游戏，并赢得这场游戏、获得朋友。家长、教师都很高兴看到孩子们变得成熟、自信。对于我和很多来访者或其他人来说，这个方法改变了许多事。我知道的所有实践操作中，这是最激励人的方法之一，我很高兴有机会跟你们分享！

积少成多！

如果将来有一天，看起来很特别的成功案例变成了普遍现象呢？

表现出友善、强大，不让自己被影响，受害者（也不再是受害者）就已经在自己力所能及的范围内改变了世界。

那么，我们再玩一次？

野心

所有这些就像在学习玩游戏。欺凌者停止欺凌，并非被迫成为友善、尊重他人的人，他们决定停止欺凌是因为被攻击的对象让他们产生了这样的愿望——被欺凌者不卑不亢、保持微笑、尊重他人。欺凌者变得友善，因此开始尊重——甚至喜欢曾经的受害者。令人惊讶的是，欺凌者竟然与原本自己威胁的对象成了好朋友，重新赢得了尊严、尊重和善意。[1]

总之，他们改变主意，是因为他们看见大多数情况下，这么做更值得、更有趣、更让人愉快。与其正面冲突，不如合作双赢；与其疑神疑鬼，不如充分信任；与其使用暴力，不如保持友善。

我们不能强迫任何人作出改变，包括坏人。我们不能改变其他人，但可以改变自己面对别人的态度和方式。在关系中，只要有一个人改变，关系就会发生改变。

我们甚至可以创造环境促使他人改变，例如在自己不再有危险的时候放弃报复和抵抗。在皮埃尔·高乃依(Pierre Corneille)的作品《熙德》(Le Cid)中，罗德里戈说："由于缺乏战士，战斗将停止。"而在这里，由于没有战斗，战士就停手了。

从这个角度来看，如果这个游戏传播开来，不仅能保护受害者，也可以改变攻击者，减少欺凌的发生。如果受害者培养自己的心理韧性，学习"黄金法则"，拒绝被贴标签，我们就可以期待欺凌者、攻击者、睚眦必报的人、坏人——不一定是所有这些人，但其中肯定有些人——

能够摆脱原有的角色。

正如林肯所说："与其消灭他们，不如让他们成为朋友，这样就没有敌人了。"

在这个游戏中，所有人都是赢家。

那么，我们再玩一次？

力量

所有这些就像在学习玩游戏。这个游戏告诉你：你可以摆脱困境，可以不以受害者的姿态生存下去。我们可以活出自己真正的样子，做自己想做的事，而不是活在别人分配给我们的角色里。

我们不需要成为英雄或超级英雄，不需要成为强硬的人，不需要成为最能打架或最聪明的人，不需要成为最好的父母或拥有全世界最好的父母的人。

但我们仍然可以充满力量、充满活力并从容地面对他人、世界、生活，接受自己的脆弱，同时找到力量——这是最重要的。

我们期待孩子和未来的成年人都能够活成这样。他们有一天会结婚、生子、工作，创造未来的世界，那是一个他们在其中自由生活的世界。

在这个世界无论他们在关系中是否有足够的安全感并获得自主权；能否勇敢地说出"不"，同时知道如何以同理心倾听观点不同于自己的人，或友好地向他人伸出双手；是否知道如何不靠攻击获得尊重；能否拒绝剥削、欺凌和倦怠；能否保持理性，活得更有尊严。

我们可以通过学习获得心理韧性，这是非常重要的挑战。这个挑战能够改变世界，让世界变得更美好，每个人都可以贡献自己的一份力量。

那么，我们再玩一次？

附

录

"是，我们都在家里，你们所有人，

你们想要更多？！"

——美国说唱乐队"扎根乐团"（The Roots）

这里额外附送一些关于心理韧性的说明。

一旦孩子通过游戏明白了关系如何运作，我们就可以为他们提供一些信息和元素，帮助他们记忆或整合所学内容。以下内容我基本上都会使用，还有一些作为补充，我总是随时积累素材。我们总能从那些让我们变得更有韧性的人、事、物中获得启发。所有这些都能帮助我们，也可以成为我们的素材。

欺凌从哪里来？

"自我摧毁，就在我们的天性中。"

——摘自电影《终结者2》

"为什么总有人欺负另一个人呢？"有时候我这样问孩子以及成年人。其实，欺凌行为不仅发生在校园，我们在一生中都可能遇到。如果他们真的希望明白这个问题，我会跟他们聊一聊一些研究这个主题的科学家的看法。

我们智人 (Homo sapiens) 这个物种很奇怪，既不是身体最强壮的，也不是奔跑速度最快的，甚至连脑容量也不是最大的，却主宰着世界、管理着地球——无论做得好还是坏。许多研究者指出，人类之所以能够统治地球，是因为我们有合作的能力，我们能够共享技术、资源，能够为了同样的理想团结在一起并让许多人一起朝着目标前进。这些都是天生的，印刻在我们身上，区别于其他物种。我们不仅是群体性的，还有社交的需求。

人类在很小的时候就出现了互助行为，帮助弱小是我们的天性。我们正是通过合作存活下来、发展起来的。[1]

同时，我们还有支配和展现力量的欲望，这在欺凌事件中清晰可见。人类可以组成互相团结的群体，也会根据一些值得讨论的标准区分"我们"和"其他人"，争夺权力、支配和排挤他人，正如自然界中其他的群居性哺乳动物一样。

"霸凌"或"欺凌"这些词是最近才出现的，但社会学家，甚至生物学家只是没想到用这些词汇谈论"支配行为"。想发号施令，想生气，威胁对方自己要动手以达到恐吓的目的，认同某个群体、排斥其他人并认为自己高人一等……简单地说，这些就是今天所谓的欺凌行为，其实是常见且普遍的。

在人类文明出现前的数万年里，生命都受制于变化莫测的大自然。生活在部落或群体中的所有动物都倾向于采取"支配行为"，成为群体的支配者能够获得更多的食物、性伴侣和其他福利。

所以，从某种意义上讲，欺凌有点像生物学家所说的"阿尔法男"（或较少见的"阿尔法女"）天然欲望的一部分。

"阿尔法男"或"阿尔法女"通过"欺凌"巩固自己的支配地位：通过赢得不会引起严重伤害的小规模战斗，通过露出尖尖的牙齿，通过轻微羞辱对手，让其他人处在其心理支配之下。其目的是让社交团体流畅地运转，让其他人接受他的身份，让他人屈服，或为了赢得那个位置时不时挑战一下。作为享有支配地位的代价，"阿尔法"需要保持群体的凝聚力，并在与敌对群体发生冲突时第一个冲出去。

但人类文明改变了很多东西，尤其是"在团体中服从领袖的支配"在当下不再产生同样的效果。[2]

"阿尔法欺凌者"更多的是把受害者排除在团体外，而不是把群体团结在一起。

在面对别的"群众"时，他们不保护欺凌的对象，而是把他推出去，让他看起来更脆弱。

他们在自己所在的社交场域（学校、企业、家庭等）制造张力和困难，而不是维持平衡。

有时，他们可能让受害者经历极大的痛苦，让后者对他们或其他人产生报复和暴力相向的欲望。

原本是延续生命的行为，现在成了有害的行为。

所以，我们有两种倾向，并希望其中一种能被发扬光大。有时候我们希望"强者生存法则"有所改变，因为动物的攻击行为是自发的、本能的，而我们拥有（可以控制、拥有理性，也有道德）不完全屈服于本能冲动的可能性。

我们难道不应该选择合作和仁爱，而非武力和支配吗？我们与他人的关系难道不应该建立在尊重、公平之上，而非暴力之上吗？我们难道不应该用"公平原则"取代"强者优先原则"吗？是的，我们应该这么做。

只是，我们做不到！我们甚至看到——至少在学校课间休息的操场上，我们离这个原则还很远。

人类可能与生俱来倾向于获得更多权力，如何放弃这种倾向？如何放弃轻松取笑他人以及随心所欲地"伸张正义"的机会？众人的回答非常两极化。

有人说攻击性确实不可避免，甚至非常有用，即使是令人不快的。也有人认为，如果需要大规模地改变行为，让每个人的行为都更文明，需要时间。[3]

无论如何，在这个时刻，我们还没有准备好彻底消除攻击行为。

这样看来，我们无法真正地阻止欺凌现象。现在，孩子是在学校面对攻击、辱骂、嘲笑和恶意，孩子长大后，在面对人生、面对成人世界时，可能还是要经历这些。因此，遇到这样的事情，其实无须担心。

我们可以教孩子如何面对：以正确的方式玩这个心理游戏，或许我们可以改变互助和支配之间的平衡状态。

这样能为面对欺凌现象提供一个无须担心的理由。

棍子和石头

"棍子和石头可以打断我的骨头，但话语绝不会伤害我。"

——《基督教记录报》（The Christian Recorder），

1862 年 3 月

被压迫者如何一步步重获尊严和自由，我们可以从中学到非常多。历史上的一个特定时期可以启发我们，我喜欢讲述发生在那段时间的许多轶事，其中一个口号很容易被记住。

美国南北战争期间，一份拥有黑人读者的圣公会报纸首次发表了他们称之为"古老格言"的内容："棍子和石头可以打断我的骨头，但话语绝不会伤害我。"

这是简单到孩子都能听懂的道理，这句话确实也是流行童谣的内容。如果我拿起棍子和石头，无疑我会受伤，甚至可能骨折。但是话语呢？

话语不会让人骨折，但伤害人的心灵、情感和自尊。[4] 如果我们的身体受到伤害，这些伤害肯定来自攻击者。但如果我们的心理受到伤害，是主观的，那么我们是否会受伤部分取决于我们如何看待那些信息。这当中就大有文章可做了！

1862年，黑人奴隶感受到身边的世界正在发生改变。随后，林肯宣布废除奴隶制度。但是，如果他们知道将来有一天，即使身体得到了解放，他们仍然需要去面对歧视、偏见、贬低、被取绰号这些问题，他们就会意识到当时是教孩子区别身体痛苦和精神痛苦、客观痛苦和主观痛苦之间的差异的最好时机。以歌谣、口号的形式让孩子重复一个最基本的信息：你可能会受到身体上的伤害，对此你无能为力；但你可以决定别人的话语是否能够伤害你，让你失去尊严的言语攻击不能阻止你认为自己有价值。

话语拥有强大的力量，在某些情况下，这些力量是人赋予的。这句话是在陈述事实，而不是一句口号。就像"黄金法则"一样，"棍子和石头"是一个方法：承认不可避免的伤害，但不要让话语伤害到你。

"棍子和石头"是一个影响命运的信息。目前，种族主义在世界各地仍然存在，当然也包括在美国。谁又能想到在那个时代唱过"棍子和石头……"的人，他们中某个人的后代——一个美国黑人混血儿会在一百多年后成为美国的总统？

我跟很多人一样，为这个信息在今天如此被误解而感到遗憾。在法国，如果人们在网上输入"棍子和石头"，一定会看到几十条信息告诉你这句话是错的：棍子和石头伤人，话语也会引起伤害和杀戮。我们会听到"棍子和石头是一个谎言"这种话。这么说非常可怕。告诉孩子话语比身体暴力更能伤人，甚至杀人，其实是在向他们传递一个信息：没有人能够冒犯他们，也不应该冒犯他们。这么做原本是为了保护孩子，让孩子对攻击更敏感；可一旦我们这么说了，他们就会觉得话语可以影响他们，别人对他们说的话能摧毁他们或让他们处于危险之中，就像会被杀死一样。这样，将来如果有人对他们说了微不足道的一句话，他们就彻底慌了，就向全世界求助，就感觉自己是最无助的受害者；面对侮辱或某些暗示会直接屈服。发展到这样的地步，我们也就无须惊讶了。

请注意，我们需要说清楚一点：话语会伤人，甚至会带来严重伤害，留下让人痛苦一生的阴影，这是当然的——而且，作为心理治疗师，我很清楚这一点。但不一定都是这样，那些伤痕可以被修复。

是的，话语有时很伤人，这是每个人从小就开始经历的，我们要注意——不要无故伤害别人。但，话语并非一定是伤人的。

如果一个陌生人对我说了在我看来是嘲讽性质的话语，那么我可以耸耸肩无视他，因为我不在乎他的看法。如果说这些话的人是我的妻子、孩子或某个非常亲近的人[5]，不在乎就比较难了。这就证明辱骂本身并不伤人，只有在我赋予它意义的时候它才能伤人。请记住，欺凌者通常是陌生人，被欺凌的孩子希望对方停止欺凌，而不是让他成为亲近的人。我们可以决定自己不被左右，我们可以决定其他人——尤其是坏人——对我们的看法没有影响我们的力量。

布鲁克斯·吉布斯说，有一天，他受邀参加当地一家小型广播电台的节目，他与一位欺凌问题专家对话，这位专家非常推崇举报、惩罚欺凌者等方法。他解释说我们可以教孩子拥有心理韧性，面对话语攻击，如果他们可以努力保持尊严和坚强，攻击将自然停止；他还提到了"棍子和石头"。专家强烈地反驳：

"这不是真的，这是谎言，话语会带来痛苦，会伤害他人，留下伤痕！"

"让我来问您几个问题。"

布鲁克斯·吉布斯说：

"假设我要将您的手臂打断，或者，我要说一些让您伤心的话，这两者之中，您宁愿我做什么？"

"我不懂您的意思……"

"很简单！我动粗打您，或我用话语侮辱您，您选哪一个？如果您必须做出选择，您宁愿要哪一种？"

"显然，我选您侮辱我……"

"为什么？"

"因为我不在乎您怎么看我！"

"嗯，就是这个意思！是您自己，而不是我决定了我的话语对您的影响！我不能拿一个字向您丢过去，就让您鼻青脸肿。您需要在脑海中处理我的话，如果您以极负面的方式处理——'他们没有权利这么说我！他们不应该这么说！他们应该尊重我！'（您若以负面、敏感的方式接受这些话语）您自己就会感到困扰。但如果您知道我的意图是伤害您，那么您可能回答：'这样，好吧，没问题！'……在您自己做出这样的选择——宁愿恶人用话语来伤害您——之后，您还会告诉孩子'话语比棍子和石头更伤人吗'？您自己可以决定是否被话语伤害，这才是这句话真正的意思。"

我们可以决定别人的话语能不能影响我们。

我们可以强迫某人不要暴力地对待我们，但强迫某人爱我们、认为我们很好或让他说某些话、闭嘴，则是无用的尝试（因为他极可能坚持自己的行为），我们也会很痛苦。

我们有一部分决定权，所以，让我们自己选择吧！身体暴力会伤害我们，我们一定要保护自己，报告事件、寻求保护，但别人的话语未必一定会伤害我们。

若这么做能够帮助您，请记住这个奴隶儿童的形象，他对以前折磨他的人说："你的棍棒伤害了我，但你的话语永远不会伤害我！"

接着，请您欣赏由琳达·佩里[①]（Linda Perry）创作、克里斯蒂娜·阿奎莱娜[②]（Christina Aguilera）演唱的这首歌的歌词：

"*I am beautiful, no matter what they say. Words can't bring me down.*"（我很漂亮，不管他们说什么。话语不能打倒我。）

让我们抬头挺胸站立，看着镜中的自己，带着尊严和力量说："他们的话语不能伤害我！"

一点催眠

> "催眠并非用于治疗，而是为了学习而创建的合适环境的方式。"
>
> ——弥尔顿·H. 艾瑞克森（Milton H. Erickson）

许多人通过将所学的知识与"一点催眠"结合在一起，获得了极大的帮助。

下面这个练习可以帮助一些认为本书提到的方法有

---

① 美国摇滚音乐家。——译者注
② 美国著名歌手、词曲作家、演员。——译者注

用并决心改变沟通方式，却觉得很难保持冷静的孩子。在我们提醒他们需要每一次都这样去面对别人，且情况在改善前会有一段时间反而恶化了的时候，他们尤其需要这个练习。

我们能够决定自己不被话语伤害，但做到这一点需要一些训练！

我们可以引用英国谚语"*Fake it 'till you make it*"，意思是"假装那么做，直到你真的做到了"。我们可以让孩子练习假装冷静、保持和善，在镜子前面练习，跟身边的人练习。

我也非常确定：真正能够让孩子们在面对嘲讽时保持平静和镇定的是，他们发现练习过的那些方法非常有效，没什么比这样的经历能带来更好的效果了。如果孩子真的应对得非常好，即使是假装或强逼自己表现出来的，哪怕只有一次看到效果，他们也能感受到自己重新夺回了掌控权，这种方法行得通。这种时候，面对对方的敌意，他们就能够真的变得平静、镇定。在这个方面成功的经验带来的效果非常可观。

最后，我们可以使用那些集中注意力、专注于当下的技巧。下面您将看到一份简单而有用的文字记录，帮助您在不得不面对攻击时保持平静。请您以平静、镇定、坚定的语气读出这些句子，在句子与句子之间留出一些时间，让想法在脑中浮现；在您觉得重要的地方，停顿一下，好好呼吸，重复这些部分。

"坐下来，找到一个让你觉得舒服的姿势。不一定要非常放松，只需要平静、安稳。挺直你的腰，肩膀稍微向后，可以把你的手放在膝盖上，安稳、强有力、平静地。好了。正常地呼吸，去感受，即使你一动不动；去感受你的呼吸，起，伏，规律地呼吸。如果身体的其他部分还在动，没问题，最终都要慢慢平静下来。每一次吸气、呼气，我希望你可以感受到自己的身体越来越平静。你的脑袋想什么都没有关系，想一些愉快的事情，或没有任何特别的想法，但你的身体要保持平静。你甚至可以一部分一部分地去确认身体是安静的，你要从头到脚还是从脚到头去确认呢？"

"头部平静、稳定、舒适，脖子也很安稳。手臂平静地放着，肩膀稳定。胸部和腹部都非常平静、安稳，即便呼吸使胸部起伏，你仍然是安静的。你的腿和脚，也是平静、舒适的。再一次去感受你的身体是平静的，越来越平静。"

"如果你已经感受到了身体的平静，那么唯一要做的就是让它继续保持平静。不管发生什么事，你的身体就保持这种状态。"

一次次重复，确认身体是否更平静了，再读一次说明，让身体最终处于平静状态。或者，家长可以问问孩子，他是否感受到身体的平静，是否从未像现在这样平静过。

"我要请你想一想那些让你困扰的画面。你越靠近这个困扰你的画面，就越能感受到愤怒在体内燃烧。这是可能的，也是被允许的。练习让自己去感受心里的愤怒，同时让身体保持安静。你的内心可能会感受到平静或愤怒，甚至激动或其他情绪。这些都没有关系，不管你内心的感受怎么样，你的身体要保持平静，外在的表情要保持平稳、坚定。如果在某个时刻你觉得太难了，就离那个画面远一点儿，当你冷静下来的时候，再多靠近它一点儿。直到你的身体、你的表情能在这个画面前保持百分之百的平静。"

"一段时间过后，你甚至可以从里到外感受到完全的平静。你可以看到画面中他们指手画脚、坐立不安、说话或尖叫，但你平静地看着画面里的他们；或许你脸上带着平静的微笑，因为他们无法对你做任何事，这就几乎可以用有趣来形容了。他们说话，你就回答他们（就用我们在游戏中练习过的句子）。"

"现在，你已经知道当事情发生的时候可以怎么做了。你可以去感受身体的平静或其他情绪，甚至是激动的情绪，但你的外表要保持平静。这样，如果从外面看，你看到的只是纹丝不动、平静的自己，那些话就很容易说出口了……"

"你只要深吸一口气，不管在任何时候，都能找到这种平静。试试看。"

"当你觉得可以很好地掌握情况了，就慢慢回归现实，安静地醒过来。"

请定期重复这个练习。

在学校里与其他人愉快相处"十诚"

为了帮助孩子记住基本原则，"十诚"这种形式让人印象深刻，可能非常实用。您可以打印出来，贴在醒目的位置，时不时回顾一下。如果所有人都遵守这些规则，那么不管欺凌是否存在，学校的氛围也会不一样了。

1. 不要给别人影响你的权利;

2. 克服恐惧;

3. 不要自证清白, 不要自我辩护;

4. 不要攻击, 不要反击;

5. 不要举报;

6. 让人看到你(在身体上)的疼痛, 而不是你的愤怒;

7. 永远不要成为一个糟糕的输家;

8. 言论自由;

9. 把听到的话当作你最好的朋友说的;

10. 跟着"卫星定位系统"。

1. 不要给别人影响你的权力

你要拒绝表现出愤怒。愤怒是冲着敌人去的, 如果我把某人当作敌人, 我就输了, 对方也会把我当作敌人。

你所承受的一切不是你的错, 但你可以不让他们拥有影响你的权力, 他们就不再骚扰你了。你也有能力改变自己的感受。

如果你生气了或乞求对方停止, 就等于推动他们继续之前的行为。生气就输了。保持善意和平静, 他们就会停手。不要将情绪这个礼物亲手送给他们, 他们会利用这个来打击你! 你会发现: 越是保持平静, 就越容易保持平静, 因为你看到那样行得通。

这条规则的例外情况: 如果你觉得需要表达情绪, 那就表达, 但请选择安全的环境, 即在能接纳你的情绪的人面前表达, 他们不会因为你的情绪而评判你。

2. 克服恐惧

为了让他们变得友善, 你需要先把他们当作朋友, 因为害怕是面对敌人而非朋友时产生的感觉。恐惧让你处于弱势, 你输了, 而对方想要的就是赢, 他会继续之前的行为, 让你害怕, 把你当作敌人。

别人打你, 不要害怕。大部分人不喜欢打人, 或害怕因此受惩罚, 尤其在有比打人更有效的方式的时候——威胁打你就足以让你恐惧了。如果比你高大、比你强壮的人威胁要打你, 无须害怕, 因为他一般不是真的想打人, 要打的话他可能早就打你了。

威胁是一个心理游戏。如果你害怕, 你就输了。最糟糕的情况就是他们支配你, 最好的则是他们可怜你, 而人们绝对不会尊重自己可怜的人。

反之, 如果你不害怕, 你就赢了, 人们就会尊重你。

这条规则的例外情况：预测行为的最佳方法是对方过去是否已经有过同样的行为。如果威胁你的人曾经动过手，或已经被警察或司法系统盯上过，他很容易再犯同样的错误。所以，有些时候我们需要感到害怕，要尽一切努力远离危险的人。

3. 不要自证清白，不要自我辩护

我们做了亏心事的时候才需要证明自己的清白，如果没做亏心事，就不需要证明什么。

面对敌人才需要自我辩护，所以如果我们为自己辩护，对方就会把我们当作敌人。防御意味着处于较弱的位置，在游戏中输了的人才为自己辩护！最重要的一点是：我们要避开自我辩护这个陷阱。生活不是法庭，他们也不是法官，我们不需要因为别人的指控而为自己辩护。为了证明自己有理而为自己辩护，就是将自己置于错误的位置上。

这条规则的例外情况：面对肢体暴力侵害，我们需要自卫或逃走。我们也可以在思想的辩论中——而不是在重复性的攻击中——证明自己的观点或捍卫自己拥护的观点。

4. 不要攻击，不要反击

把对方当作朋友，而不是敌人。如果你攻击了，就成了攻击者，受害者会报复，就会进入恶性循环之中。

如果有人攻击你，你不反击，对方就很难继续下去。不要为对方铺路。反击只会让暴力的循环持续下去，无法解决任何问题。此外，如果你在动手的时候被看到，有麻烦的人就是你，即使不是你先开始的！

这条规则的例外情况：如果比自尊心受威胁更严重的事情发生了……

5. 不要举报

直接与对方谈论，而不是告诉其他人。如果你的身体没有受伤，暂时不要举报对方，因为现在你已经知道该怎么面对了。如果你去举报对方，情况将变得更糟，你还会让自己处于危险之中。我们对一个人做的最糟糕的事情之一就是举报，这么做会激怒对方，夺走他对你的最后一丝尊重。如果你不清楚该做什么，就去请教能告诉你该怎么做的人，而不是去找代替你采取行动的人。

这条规则的例外情况：如果对方可能伤害你的身体或实行性侵害（对于大一些的孩子而言，比如有人在你不同意的情况下触碰了你），你就必须举报对方，从而获得保护。

6. 让人看到你(身体上)的疼痛，而不是愤怒

如果别人打你或推你，却没有伤到你，那么对方的行为就是挑衅，你知道该怎么回应。如果你伤得严重(或对方尝试让你受重伤)，你就必须寻求帮助，从而获得保护。

如果别人打你，你受了一点点伤，你希望打你的人道歉，不要再打你；然后你表现得很愤怒，对方也会愤怒；而你希望的不是让对方生气，因为生气无法让对方道歉！

不要表现出你精神上的痛苦(除了面对亲近的人的时候)，因为让你生气正是攻击者想要的。但是你可以说出身体上的疼痛("嘿，你这样打我，我真的很疼！你没意识到自己力气多大！")。

这条规则的例外情况：你的身体受了伤——不严重但真的会疼的情况下使用，否则当有一天你真的伤得很重时就没人相信你了。如果你觉得伤得严重，你没有别的选择，必须举报、自卫，当然，还有逃跑。

7. 永远不要成为糟糕的输家

如果你希望跟别人一起玩，就需要学习如何输。

不要听信那些老套的教训，比如重在参与，以及其

他一些老话，这些都不是真的。所有人都想赢，没有人喜欢输。

但请记住，还有比输更糟糕的事情，就是再也没有人想跟你玩，你只能一个人待着。没有人喜欢糟糕的输家，没有人尊重这样的人，大家甚至都避开这样的人！想象一下，如果你输了就大喊大叫、发脾气或生闷气，对方会同意再玩一次吗？

◉ 如果你输了，最好、最简单的做法就是恭喜获胜者。

◉ 如果你没有被选进某个运动团队，或总是最后才被选中，如果你生气，看起来很难过，下一次他们还选你吗？当然不选。如果可以的话，感谢那位选你进团队的人，告诉他你希望跟他一起玩，因为他擅长这项运动。这是让你下一次还能入选并跟别人一起玩的最好的方式。

◉ 如果你赢了，那就成为一个好的赢家，称赞输的人表现很好，而且他应该很快就能超越你了。下一次他就还想跟你一起玩！

◉ 如果某人在跟你玩的时候作弊了呢？那就简单地告诉他："我觉得你不应该这么做。"不需要生气。这么做他才（可能）感到懊恼。如果你因此大喊大叫，或大骂他是作弊者，他下次肯定不想跟你一起玩了，反而会继续作弊让你烦恼。

如果他承认自己作弊了，那很好，微笑一下，继续玩。

如果他继续作弊呢？那也继续玩！他只是害怕输掉游戏。继续玩，才是不失去朋友的最佳方式（虽然他是个作弊者，但不是坏人），也许这也是唯一一种方式能让他开始反思，让他在赢了之后面对祝贺他的对手时感到一丝愧疚。

永远不要成为糟糕的输家，理由只有一个：为了拥有朋友和一起游戏的玩伴，这些比"赢"更重要。

这条规则的例外情况：面对自己，可以成为糟糕的输家！把失败当作学习、练习的机会，以及做得更好的机会。成为赢家和更好的人，但不是跟其他人比，而是跟过去的自己比。

8. 言论自由

给予对方说话的自由，即使他们说得不对，他们说的话很傻或充满恶意，因为他们确实有说这些话的权利。如果你容忍对方这么做，就是你在控制局面，他们就无须为自己争取说话的权利了。如果你试图阻止他们，他们将会更用力地反扑：人们总是为自由而战。

言论自由不是麻烦，而是解决方法。当你给予他们自由，就是让他们看到——你的幸福不取决于他们的观点！

如果你想在一场观点之战中取胜，也要让对方表达相反的观点，即使你想反驳对方的观点。

这条规则的例外情况：被禁止的言论，就是可能让身体受到伤害的言论，例如挑唆他人实施暴力行为的话语。

9. 把听到的话当作你最好的朋友说的

要感谢指责你的人。如果对方是你的朋友，他那么说是为了帮助你。我把你当作朋友，我觉得你这么说（虽然有点笨拙，但⋯⋯）是因为你爱我，希望我好。"你觉得我闻起来有异味？啊，好吧，我注意点！其实你不需要待在我旁边，我不会生气！"

如果你觉得我很傻，是因为你觉得我没办法表现得更聪明。无论对错，你有权利那么想。我跟你说的话没什么关系，我只是让你说了你想说的。我不会因为你是朋友而瘦下来，也不会因为你觉得我很丑而改变穿着习惯，我只在自己有能力且有意愿的情况下才改变穿着。那些极端的情况就更不用说了：我不会自杀。"你觉得我毫无价值吗？好的，谢谢你对此感兴趣，你有什么建议能让我的生命更有意义吗？你生我的气到了希望我死的地步吗？谢谢你愿意帮助我，你可以按你自己的意思想，但没什么能强迫我认同自杀。"

如果你带着这样的心态，不带讽刺且微笑地说出这些话，对方就很难继续表现出对你的恶意。

这条规则的例外情况：这条规则适用于语言欺凌，不适用于肢体暴力霸凌！

10. 跟着"卫星定位系统"

迷路的时候，我们需要卫星定位系统。生活中，你的"卫星定位系统"就是"保持善意、礼貌、微笑"。如果你不知道怎么回答就问问自己：我的行为是否跟着"卫星定位系统"？

成功的秘诀很简单：对善良的人保持善意，对恶人也保持适度善意。遵守"黄金法则"，不遵守这个法则而赢得局面的情况并不多见，这个法则一直都是最好的方法。

对有受害者心态、愤怒的人生气并不难，凌驾于有失败者心态、屈服态度的人之上也很容易，但请记住：不要生气，不要被影响，把他们当作朋友。

充满恶意地对待和善的人非常难。如果一个人称赞他人、关注他人、感谢他人，做错事就道歉并且时刻微笑着，要恶意地对待这样的人也非常困难。而你的目的，就是让他们停止欺凌行为。

偷抢

典型的偷窃行为造成客观损失，我们必须报告事件，让涉事者接受惩罚。只是仍有两种情况，我们可以提前采取行动、缓和情势。

挑衅性偷抢

有些小偷小抢的行为就是为了挑衅，我们仍然可以通过沟通来解决这类问题。

孩子在别人眼皮底下偷、抢，或重复性地偷抢无关紧要的小东西，他的目标很可能不是物品本身，而是为了挑衅或妨碍某人，让某人追着他并大喊"还给我！"。如果监督者强迫拿东西的人物归原主，监督者一转身，孩子就会继续他的行为。

最好的解决方式是提议把东西借给对方，这样关系的重心立刻就转移了：欺凌者不会再反击，物主也表现出对于挑衅的无感。

在课间休息的时候，小学三年级的马蒂厄被一小群欺凌者抢了帽子，他们把他的帽子传来传去。马蒂厄觉得很丢脸，追在他们的身后想把帽子拿回来，却没有成功。他很担心，因为他妈妈叮嘱过他要戴好帽子，所以很长一段时间他都不敢对妈妈说！他每天回家，帽子都是又湿又脏的，第二天还会发生同样的事情。马蒂厄就跟妈妈抗议："不，我不想戴帽子了。"他希望妈妈能够接受。如果没有帽子，他们就不会来烦他了。

他理解了游戏的基本原则的第二天，他的帽子又被扯掉了，他没有去追。欺凌者看对方没有跟上来，也停了下来。马蒂厄在对方动手传递帽子之前说："啊，如果你很冷，我可以把我的帽子借给你，没问题。"这样几次之后，欺凌者会觉得去烦完全没有被影响的人没什么意思！他们就把帽子丢在地上，此后再也没有找过马蒂厄。

所以，我们可以这么说：

> "如果你需要用我的笔写字，我可以借给你，但今天放学前我得拿回来。"

> "你需要我的手机打电话给你父母，没问题，打完

后还给我就好。"

大多数时候，对方最终会停止自己的行为。

如果对方假装要把东西留下一段时间，我们可以再次礼貌地说几句：

> "你听我说，我不想给任何人造成麻烦，我不想举报你，也不想你有任何麻烦……真的，如果你需要，我可以借给你，但你要还给我。"

这么说表明如果他强迫我们这样做，我们就去举报他，但我们留给他安全脱险、不会丢脸的可能性。

威胁

有时候，孩子在抢东西之前会先有一个步骤，比如威胁。这种时候，我们就可以采取一些行动了。

> "把你的笔给我，否则……"

我有危险吗？

无论如何，保持镇静，不要害怕，不要攻击对方，如果我们希望事情朝着好的方向发展。孩子可以用我们在"受过伤害"那一章中的句型回应，重复几遍就可以了。保持善意、友好，同时站稳自己的立场，需要像"有刮痕的光盘"那样坚持重复！如果我们表现得始终如一，威胁者肯定比我们先放弃。

"给我你的手机，否则吃我一拳。"

"我很愿意给你我的手机，但是我不能……"

"你现在就给我，知道吗？"

"如果你愿意、你有需要，我可以借给你。你要用它打电话给你爸妈，是这样吗？"

"不是，我要你把手机给我，否则我就打你！"

"说真的，如果你需要我的手机，我可以借你几分钟，但我不能给你。"

"能！现在就给我！"

"你看，我当然很希望把手机给你或是其他没有手机的人，但是我不能这么做，因为这是我爸妈花了很多钱给我买的，我不能这样做……"

"我只想要你的手机，好吧？"

"说真的，我真的很想给你，但我不能。但如果你想的话，我可以教你数学，要知道我数学不错。"

"不要，你走吧。你真烦，我走了……"

"好吧，祝你一天愉快。"

要保持冷静，说话有逻辑，充满善意。当然，如果对方是一个我们在街上遇到的陌生人，如果有人带着武器威胁我们，如果有人非常暴力地殴打我们，或是这个人有暴力前科，那么我们最好把手机给对方，这样总好过受伤或落入其他更糟糕的境况中。但是在学校里，通常这种类型的威胁仅仅是为了让受害者感到害怕，而且以这种方式化解冲突的情况不是个例。

"把你的钱给我，我去买点心吃。"

"来吧，我很愿意给你买点心。"

第二天：

"哎，你再给我点钱去买点心。"

"啊，现在，轮到你请客了！"

"不行。你给我钱买点心，就像昨天一样。"

"我很希望这么做，但是我不能。如果你今天付钱给我买点心，明天就又会轮到我了。"

"我才不要，你真烦人，把你的钱给我。"

"我很愿意，但是我不能每天都给你钱买点心，我真的不能。如果你想的话，我可以帮你复习功课……"

"哎，够了，你真烦人，我才不想让你教训我，好吧？"

　　"好的，伙计。那么，祝你有美好的一天。"

　　如果发生了事实确凿的暴力或偷抢事件，或对方的威胁可能付诸实践，我们就需要保护自己，举报对方的行为。当我们不再惧怕的时候，偷抢行为甚至暴力行为就会大幅减少。

写给特殊儿童的家长

　　有些家长认为是自己孩子的"特别之处"惹来别人的攻击。如果这个"特别之处"是我们无法改变的，这样的想法会让我们彻底绝望！所以，我要在这里提供一个充满希望的信息。

　　您的孩子不同于别人。可能是他的肤色、外表、心理或身体残疾……

　　他肯定已经被人嘲笑过，被人起过绰号，被侮辱过，被排挤。如果这一切都还没有发生在他身上，您也不要大意，总有一天他会遇到这些情况。

　　那将带给他很大的压力，他可能对那些伤害他的人或没有保护好他的您感到厌恶、愤怒。您自己也可能因惹恼孩子的人和没有保护好孩子的学校而感到深深的悲伤和痛苦。您可能想质问全世界："为什么这样对待一个无辜的人？只因为他跟别人不一样吗？"您的反应很正常，我非常理解。

只是，我们该做些什么？威胁、殴打、起诉所有恶人，让他们明白过来？他们会明白吗？所有人都能明白吗？

告诉孩子解决方法是不管人们愿不愿意，都要学会善良和宽容吗？以爱引导教育？很不错的想法，但是，这需要时间，而您的孩子现在就需要帮助！

告诉他世界需要改变，人们需要理解，那是让他过得好的最佳途径。这是对的，但是您真的要等到世界变成这样，才让孩子过上好日子吗？

我必须抱歉地说，那不会发生，或者到那时已经太晚了。人们只会继续贬低或嘲笑其他人。即使您强迫一个攻击者闭嘴了，也总会有别的攻击者。不是在学校，就是在别的地方，如果我们不做些什么，那样的事每天都有可能发生。

然后，您的孩子看到方法行不通、您的承诺毫无意义，就不再信任您，这对他来说是最糟糕的事情。他的失望和愤怒还可能转化成对自己的内在攻击，让他产生消极的想法。

为了确保孩子的人身安全（和幸福），只有一种解决方法——锻炼心理韧性，学习如何去回应、转变思维方式，学习如何去笑、去生活、去应对生活最真实的样子，享受最真实的生活。这些都是可以学会的。

因为，让他不高兴的不仅是人们说的话，还有他自己接纳这些话的方式。针对后者，我们可以采取行动。

让他痛苦的是抱持不可能达到的期待，即期待没有人嘲笑他，没有人指出他的不同，没有人表达与它相反的观点，或期待有一天一些不可改变的东西会改变，就是为了让他人闭嘴！

当别人嘲笑他的时候，他表现出自己被影响了，攻击者就收获了希望得到的东西，达到了自己的目标；他们赢了，下次还将继续。

攻击者越是充满恶意，孩子越是受到影响，他们就越开心。

他们越开心，就越坏，孩子就越受影响。

但是我们要锻炼孩子的心理韧性，让孩子为自己真实的样子而感到高兴，不要为了别人的赞扬而活，不要恳求别人停下。我们要教会孩子坚强，让孩子知道玩笑无法伤害他们，他们还要学会怎么开自己的玩笑，跟别人一起笑，为自己说的笑话感到自豪。

孩子们将变得如此坚强，如此自信；不仅知道如何应对，还期待别人给他机会去练习这些了不起的新技能。

孩子们将变得如此坚强，不再期待生活有一天会改变，而是好好享受当下的生活。

要成为这样的人，就需要学习游戏规则。

那么，我们来玩游戏吧！

致

谢

感谢伊齐·卡尔曼，我在这个主题上思考的许多要素和主要灵感都来自你。因为你，我们可以期待孩子的世界更自由、更有趣、更友善。

感谢法布里斯·米达勒（Fabrice Midal），你支持我、鼓励我出版了这本书。你的一些话至今还在我耳边回响。比如，有一天你用别人模仿不了的音调对我说："这个，这可太棒了！"今天，尽管我已经不太记得对话的内容，但是你的声音深深印刻在我心里，至今还鼓励着我。谢谢！

感谢普隆出版社在这个项目上对我的信任，感谢卡洛琳·拉姆利（Caroline Lamoulie）和她的整个团队，感谢他们在本书的出版过程中与我沟通得如此顺畅。

感谢劳拉·祖伊丽（Laura Zuili）陪伴我写这本书和其他书。

感谢以下这些审稿人，他们的许多建议和想法启发了我：

贝艾特里斯 (Béatrice)，感谢她对于我所撰写的几个主题提出的宝贵意见；克莱尔 (Claire)，感谢她付出的时间，并给了我准确、具有建设性的建议，跟她的讨论让我受益颇丰；艾米丽 (Emilie)，感谢她在武术、教学方面的专业建议，及对本书的校对；热雷米 (Jérémie)，感谢他公正、毫不妥协、精确的批评；若阿娜 (Johanna)，感谢她的鼓励、建议，感谢她热切盼望把这个"儿童游戏"发展成面向大众的大项目；瓦莱丽 (Valérie)，感谢她简洁的总结以及作为母亲敏锐的目光。

感谢那些因这个方法受益并帮助我改变孩子、成年人、治疗师和来访者的人。我尤其感谢莉莉-让娜 (Lili-Jeanne) 和萨沙 (Sacha)，他们知道我感谢他们的原因。

感谢安娜（Anna），感谢她每次的微笑、支持及对我的忍耐。尽管我的项目一个接一个，尤其在这个时期，如果没有她，我不能做任何事。

感谢我的孩子们——塞缪尔、莱亚（Léa）、邦雅曼（Benjamin），他们是我在这个世界上最爱的"欺凌者"。

感谢我的父母。我在学校及后来在社会上都没有"被欺凌"太多，至少完全没有留下阴影，是他们保护了我。他们教会了我文字的价值和力量，尤其是他们教会了我如何坚强，如何保有尊严和韧性地去面对生活中的恶意。

感谢我所有的来访者，是他们让我的每一天都能做得更好一点。

注

释

序言

1. 本章备注出自本书作者菲利普·阿伊姆。"欺凌"（bulling）这个词，是卡尔曼和所有说英语的人都会使用的，但很难翻译成法语。在法国，我们惯用"欺凌"（harcèlement）这个词，但这个词也不够精准。因为法语中的欺凌指的是一种罪行，在其他领域已被使用（性骚扰等），以前人们并未用它来描述在学校中发生的现象。此外，法语中也没有一个特定的词包含攻击、嘲笑、敲诈、骚扰、排挤、辱骂等所有意思，而在英语中，连"反欺凌"（anti-bullying）这个词的使用也在以指数级增长，且在所有学校暴虐案件中，已经使用"欺凌"这个词了。在魁北克，人们将这个词翻译成"威吓"，"威吓"似乎更直接近对这种现象的描述，也没有升级到需要司法介入的程度。但在本书中，我们还是保留法语读者熟悉的"欺凌"这个词。

2. 此处指的是第三方进行干预，从被定义为迫害者的学生手中解救所谓的受害者。

3. 卡尔曼如此解释："我提出'反欺凌运动'这个词来定义这些想法和做法。因为这些在我看来实际上更像是一场运动，一种意识形态，一种信仰或哲学，甚至已经是一个具备了宗教性质的体系。""那当然是一种世俗宗教，其中没有神明，但有一个明确的目标，即与恶做斗争，并且希望传播到全世界；信息则以信仰和教条的形式出现，即使这些内容既没有得到证实，也让人很难反驳。在科学领域，提出假设是为了进行验证，在必要时需要否定这些假设。然而，不管结果如何，欺凌研究专家似乎都坚持自己的原则。"

4. 包括奥尔维斯预防计划的推行者所做的研究。卡尔曼经常指出这些研究的结果非常令人失望：推行的结果是，情况只有微小的改善，欺凌行为甚至增加了，并且人们从不提及在计划实施过程中会恶化的情况。

5. 字面意思是"暴君"。

6. 美国五十个州都有这样的法律，世界各地有许多地方也是如此。

7. 这就是奥尔维斯方法背后所隐藏的，这个方法论把欺凌者描述成反社会分子，他们故意反复欺负比他们弱小的人。在某些插图中，欺凌者有时还被画成头上长角，身后带着尾巴的恶魔。卡尔曼经常指出，我们的时代精神是对所有人宽容，但今天的美国却能接受对欺凌者的仇恨，甚至穿着印有"唯一好的欺凌者就是死人"的T恤也不用受处罚。

8. 法国的情况跟我们在第一章中提到的略有不同。如果诉诸法律是处理欺凌问题的主要途径，那么，皮卡斯或帕洛·阿尔托方法就什么存在的空间了。我们希望本书帮助人们开辟另一条道路。

前言

1. 欺凌的形式改变了（现在出现了越来越多的网络欺凌，其形式随着社交网络流行风向的变化而改变)，与之相对应的受害形式也改变了（我们越来越关注性别歧视、恐同症等），但好像受伤孩子的数量是稳定的，在某些欺凌类别中甚至有轻微的上升。

第一章

1. 例如，法国有一本非常严谨的书《校园欺凌》(Le Harcèlement scolaire)，其中一个章节是"我知道什么？"，作者把他的理论当作参考坐标来介绍。

2. 我们在他1981年出版的第一本书《攻击性强的孩子是如何养成的？》(What creates aggressive children) 中就已经可以看到这些原则了。从那时起，他就提议制定反校园欺凌的法律，他认为不遭遇重复性羞辱这样的欺凌事件是学生的基本人权。

3. 请参考引人深思的"奥尔维斯预防计划常见问题"，其中的观点令人震惊：不应该让孩子们自己解决冲突（把这些问题留给学生，会让他们承担太多责任；对孩子来说太复杂了）；用二元化的观点看待涉事孩子之间的关系（双方都不能既有对又有错的地方）；相比于程序的有效性，更倾向于道德说教；等等。

4. 我在参考书目中列出了一些英语的研究书籍。

5. 这让人想起一些父母自己打孩子，却教孩子不能打人……

6. 流于表面的道德教育（应该保护受害者，惩罚坏人）。弱化受害者是不道德的，施加不成比例的制裁是不道德的，为了被友善对待而限制他人同样是不道德的。

7. 澳大利亚心理学家肯·里格比（Ken Rigby）推广他的方法，在法国也被哲学家让·皮埃尔·贝隆（Jean-Pierre Bellon）、高级教育顾问贝尔特朗·加尔戴特（Bertrand Gardette）及许多书籍或网页作者推荐，详情请见资源部分。

8. 例如："我很关心欺凌对象的情况，我觉得他不太好，他可能正在经历一段糟糕的时期……你能告诉我什么？……这可能跟他与别人的关系有关吗？……我们能做什么帮助他？"

9. 参见《学校的伤痕》(Les Blessures de l'école)。

10. 因与心理学家玛丽·卡尔捷（Marie Quartier）的合作，加上帕洛·阿尔托方法的贡献，该方法才加入了这个角度：把受害者看作主动、积极的一方。

11. 我知道有很多方法，但我挑战那些经验丰富的治疗师用原创或改编的"180度法"和"箭头法"，在毫无准备地被侮辱、心理受伤的情况下快速地应用这些方法。

12. 我改了他的名字，其他所有引用案例中来访者的名字也非真实姓名。

13. 我们告诉孩子什么是不可以接受的，例如身体暴力或性暴力，以及我们有权利做什么，没有权利做什么；怎么做才是对的。相反，如果我们告诉他们别人没有权利觉得他们不好或说他们不好，我们就是在伤害他们。

如果我们让他们以为所有针对他们的负面话语都是可怕的，他们就会产生怨恨、愤怒、报复心，并成为理想的受害者。每次遇到别人的贬低，他们就会感到被冒犯，很容易受到伤害。所有这些，攻击者看得一清二楚。

14. 例如埃马纽埃尔·皮盖（Emmanuelle Piquet）的著作。她是法国这个领域中我最有兴趣了解的专家之一。

15. 很多人，包括官方的一些专家都认为我们因为自己的不同之处而被欺凌，事实上那些不同之处只是启动欺凌的触发点。否则，所有拥有不同之处的人无一例外会被欺凌（每个黑人、犹太人、黑发的人、胖子或穿着邋遢的人），但事实并非如此；与他们不同的人（每个白人、天主教徒、金发的人、苗条的人或衣着讲究的人）都不会被欺凌，而事实也并非如此。实际上，被欺凌者对于自己的"不同"无法做出任何改变，但他可以（因为有些人做到了）通过自己的态度让别人觉得骚扰他没有一点儿意思。在本书中我们会看到，这样的态度是可以通过学习获得的。"歧视"是全球性的社会现象（确实是因为某一类别的不同而涉及一大群人），其定义不同，所以其处理方式也不能直接用来处理"欺凌"问题。

16. 请专业人士治疗创伤或任何身体上的严重伤害非常有必要，但如果没有引起精神疾病（大多数情况是这样的！），我们有可能教导受害者改变看自己的眼光，学会应对的态度，以防情况再次发生吗？

17. 我会在"资源"部分提供更多关于他的信息，他也是本书序言的作者。

第二章

1. 不管是过去还是现在，我们都有必要消除对受害者的指责，不应该为受害者所受的伤害去指责他，这是最根本的。"女权运动"对此做出了最大的贡献。关于欺凌这类语言或心理暴力，女时我们认为受害者可以学会自己摆脱欺凌。当我们为这个观点辩护时，经常被人冤枉成在指责受害者。那是冤枉，因为我们完全认同这样的观念：受害者不需要为其他人的行为承担责任；在必要且有效的情况下，采取保护和惩罚的手段。我们的观点不是责备受害者，而是加强受害者在心理、关系方面的能力，帮助他摆脱困境。

在我看来，我们这个时代除了需要消除对受害者的指责之外，还需要另一种解构，即消除受害者对自己的负面感及对前途的无助感。对于所发生的事情，受害者没有责任，他所经历的一切都应该原封不动地被接纳。但是，我们不需要因此就推断他无能为力，只能依靠别人重新获得信心。他有办法靠自己重新掌握命运，拾回尊严。

有些人尽管求助于每天都在帮助受害者摆脱困境的专业人士，但还是会有过激言论。例如，本书方法的创始人卡尔曼经常被批评者指责在为强奸犯/攻击者等辩护，这是多么离谱！这些"稻草人"言论（即扭曲发言者的观点甚至到了极其讽刺的地步，并以此来诋毁前者）很难让人接受，我请大家仔细辨别本书方法的观点与他们的指责之间的细微差别；要改变现实，我们所采用的方法必须实际可用。

2. 我还是想补充这一段引用的蒙田的话："评判的矛盾性，既不能伤害我，也无法打动我；它只会唤醒我，让我采取行动。我们不喜欢别人纠正我们的观点，那么就应该为此做好准备，不断努力，尤其在这些纠正以对话的形式而不是以大师课的形式出现的时候。对于每一条反对意见，我们要做的不是在意观点是否正确；无论对错，我们要做的是摆脱它。我们不要伸手拥抱反对意见，我们需要伸出我们的利爪。我愿意忍受朋友们的粗暴话语（……）我们需要强化听觉，在面对传统观念的缺陷时更加强而有力。（……）当人们反驳我的时候，他们吸引了我的注意力，却并未唤醒我的愤怒：我愿意走向反对我也教导了我的人。（……）当我在激烈的战斗中屈服于对手理性的力量时，我觉得赢得了自身的胜利；我为此感到自豪，更甚于当我在战斗中因为他的软弱而赢得胜利的自豪。"

3. 若真的实施惩罚，最好的是惩罚措施能够与错误行为成正比，而且尽量采取恢复性惩戒，避免与错误行为毫无关系的惩罚措施。

4. 关于修辞学，我推荐油管博主维克多·费里（Victor Ferry）的视频，他的视频值得一看。

第三章

1. 此外，支持这种做法的人中，也有一些前几章提到的反欺凌运动的拥趸。

2. 我指的不是跟他成为朋友（我们为什么要跟讨厌我们的人成为朋友？），而是像对待一个朋友那样友善地对待他。

3. 在我写这一段的时候，法国社会正在讨论令人震惊的"AVIA法案提案"，该提案意欲惩罚互联网上的仇恨内容。我们必须与种族歧视和种族不相容的现象做斗争，不要忽视真正具有煽动性的仇恨言论；然而，有些人非常担心法案通过。根据算法和关键字（哪些关键字？）强迫收回仇恨性的言论，却没有定义这种言论到底包括哪些内容，难道不是对言论自由的一种威胁吗？"煽动仇恨"的概念在法律中已经存在，而且似乎更贴切。我们有权利毫无保留地讨厌、憎恨、批评某些事，但我们不能说出煽动暴力和鼓动别人反对他人的言论。结果不出所料，宪法委员会否决了这项与我们的《宪法》相悖的提案，还以1789年颁布的伟大的《人权宣言》为依据："自由传达思想和意见是人类最宝贵的权利之一；因此，每个公民都有言论、著述和出版的自由，触犯法律而滥用这项自由的人，应担起责任。"而且提到了"言论和表达自由更加珍贵，因为它们是行使民主的条件，也是尊重其他权利和自由的保障之一"。

4. 尤其在说出来可能让人有危险的情况下。如果我说"我不喜欢圣诞老人"，这当然没问题；但如果我叫嚣"应该杀死所有相信圣诞老人的人"，这就是被禁止的，因为这是在煽动暴力。同样，如果我在坐满人的大厅里喊"救火！"引起人群骚动，这样的行为应该被惩罚，因为会带来危险。我们还可以举出更多的例子。

5. 在这方面，关系"情结"是种有"预谋"的欺凌。有这种"情结"的人希望控制所有情况，甚至包括：欺凌对象不会注意到（……），在（……）方面他们什么都不会说，他们千万不要发现我（……）。解决方法是一样的。

6. 那些一有机会就立刻表明自己社会地位的人，在我们看来多么可恶！例如，有人对销售人员、服务员或员工说话的态度很差，好像只要他付钱，就可以傲慢地跟这些人说话，这是软弱的表现。那些付钱买服务但仍然以尊重的态度对待对方的人，没有滥用所谓的社会地位优势，反而赢得对方的尊重。当我们非常自信时，我们看起来往往很平静。

7. 在我的办公室里有一张海报，那部电影的主角启发了我，陪伴我度过青少年时期，他就是洛基·巴尔博亚（Rocky Balboa）。这张海报上写着拳击手最欣赏的一句台词："我要跟你说一件你已经知道的事。世界，并非充满了阳光和彩虹。而是一个可怕的地方，充满暴风雨、考验，尽管你很刚强，生活会让你屈服，总是让你屈服，如果你对生活放之任之。你、我、任何人，没有人能比生活给予你的重击还要强！但重要的，不是你给予的反击，而是你如何接受并继续前进，你努力承受，昂首挺胸，继续前进。如此，我们就赢了！"

第四章

1. 这种形式没有"出路"：如果有欺凌者和被欺凌者、攻击者和受害者，孩子知道自己在哪个位置……他该去哪儿？他绝对不想待在受害者的位置上，但他也不想成为攻击者！此外，这些是"身份性极强"的标签，不容易撕下来，但输或赢在孩子的世界里能够很快地变换！

2. 我们还可以通过这些问题去了解孩子在学校和在家里的人际关系，以便更好地支持他。例如：他是攻击者唯一的目标吗（这样更容易让攻击者停下来）？攻击者对所有人都表现出强烈的攻击性吗？等等。但这五个问题必须是与游戏相关的问题。

3. 诚然，这样做有点极端，但借此让孩子进行练习已经绰绰有余了。

4. 还有：

● 因为那样您就赢了"弱肉强食"的游戏，您自己成了欺凌者。您需要让孩子知道他在课间操场上为什么输了（因为他试着阻止攻击者），而不是让他觉得您比他更强。

● 因为您比他强！您当然知道很多骂人的话，甚至知道如何反驳，非常幽默，而且很会吵架。而他不是，否则他也不会在这里了！这么做，他很可能在离开的时候想："说到底，还是强大的人赢了……"

有些人可能已经在我做的关于吉布斯的视频中看到了这个观点，他称为"攻击三连胜（agression trifecta）"。

第五章

1. 这就是一种"阿尔法男"的心态，一种成为领袖的本能。只是在自然界中，处于统治或支配地位的生物以保护同类来换取统治地位；而在我们的文明中,"阿尔法欺凌者"欺压、排挤其他人。

2. 乔丹·B.彼得森是《人生十二法则》(*12 Rules For Life*)这本充满争议的畅销书的作者。他的立场,尤其是涉及政治的立场,我颇不赞同。但是,在心理学领域,他的一些想法令人激动。

第六章

1. 如果您读过精彩的《哈利·波特》(如果您还没有读过,赶快去读!),肯定还记得这个场景:主人公在就读魔法学校的第三年有一门黑魔法防御术课,课上,年轻的魔法师们正在学习如何辨别可怕的魔法生物,及如何与它们作战。在老师的引导下,他们面对的第一个生物就是"博格特"。"这个博格特到底是什么?"老师问道。班上的尖子生赫敏立刻回答道:"我们不知道这种生物到底长什么样,因为一旦我们看着它,它就会变成我们最害怕的东西。"

我的心理学家朋友们知道,要定义"焦虑"是非常困难的。我们如何摆脱"博格特"?通过看着它,说出魔法咒语,想象着让它变得可笑的画面的每个细节。如果想象出来的画面让人笑了,"博格特"就消失了!

多么绝妙的比喻啊!让我们害怕的东西,一旦我们能笑出来,那个东西就不再让我们害怕,不再让我们无法动弹了。笑,就是拥有心理韧性最好的标志。

2. 尽管全人类有着共通的幽默感,但如果将来外星人通过心理学书籍来研究我们的文明和人类这个物种,绝对不会得出我们有幽默感这个结论。"最佳良药"几乎从未被研究过。我们可以获得心理学博士学位,却对幽默知之甚少。

3. 除了某些非常特殊的形式,例如荒谬。

4. 谐星的艺术就是巧妙地调侃台下的观众,取笑他们的小毛病。取笑的程度足以让观众发笑,却不会越界让他们觉得不舒服。

5. 我不鼓励人们讲贬低他人的笑话,我们应该(在道德层面上)避免讲这种笑话。为了避免说出这种笑话,我们必须鼓励人们说出。最好的做法是在某个主题上小心措辞,而不是审查他人的言论,免得这些人更坚持自己的说法。胁迫敌人只能让对方反抗,我们还不如让他们看到这些伪装成笑话的攻击是无效的。突显嘲讽者的低劣最好的方式是让他看到自己的笑话不受欢迎,而不是让他成为受害者。

6. 这个主意来自比尔·考斯比(Bill Cosby)写的一本童书,是他成为演员和做出那些糟糕行为最终进入监狱之前写的。他的这些经历都让我们忘了他在教育领域曾有过的兴趣,以及他曾获得的教育学的学位。

第七章

1. 更严重的暴力事件超出了欺凌范围,或经常发生在学校干预、攻击升级以后。

2. 即使没有发生身体暴力，我也经常在"受过伤害"类型"傻瓜游戏"的角色扮演中，用手推搡对方。

3. 确实有几所这样的学校。在美国和加拿大，有几所格斗运动学校采用了卡尔曼方法，如位于多伦多的加拿大最好的空手道学校。在那里，老师教授提升心理韧性的方法和社交技能。纽约前沿拳术、空手道学校的校长尼克·奥查雷克（Nick Owczarek，我们可以在吉布斯的视频中看到对他的采访）教孩子们如何避开危险的情况，如何只在无法避免的情况下有效地打斗。

4. 如果一个朋友对您说："来吧，我们打架吧。"您知道对方并非恶意，就可以平静地看着对方，说："我不想跟你打架。"或"为什么你想跟我打架？"

5. 有些人可能会看出来这是马歇尔·卢森堡的《非暴力沟通》（*Nonviolent Communication*）的前两个步骤，这个方法特别好用，而且容易学会，我们都可以教孩子使用。

第八章

1. 这里几乎是动物性逻辑：区分集体内和集体外，"我们"和"其他人"，不相信陌生的和不理解的一切。人类有摆脱这种逻辑的能力，但不是所有人都那么努力！

2. 这是不那么"愚蠢"的"傻瓜游戏"。当孩子违背自己的意愿称赞欺负他的人时，他不一定真的相信自己说的话，只是选择了使用游戏中的方法。这里，我们提到的是显而易见的事实，所以孩子可以真心相信自己所说的。

3. 喜剧演员多奈尔·雅克斯曼（Donel Jack'sman），被一个观众叫"脏黑鬼"，尽管他被冒犯了，但他仍然保持冷静。事后他解释说："如果我以暴力的方式回应，他就成了受害者。……人们会说：'啊，是啊，实际上，他真的就是脏黑鬼。'"

4. 在实际生活中，不宽容的人可能需要更多的时间才能理解他人，但如果把对话全部写下来恐怕太占篇幅。此外，还有很重要的一点就是，不一定需要激起对方的同理心我们才能离开（我们只要成为没那么有趣的受害者就够了）。

5. "突然消失"（le ghosting）指再也不接电话，不回复信息、短信,不回应任何社交媒体上的信息，从而断绝一段恋爱关系或友情。

第九又四分之三章

1. 天才卡尔曼先生以如此简单的形式发明了这么巧妙的方法。

2. 参见第七章开始引用的达里尔·戴维斯的重要言论。

3. 这样做有时还可以让被欺负的孩子意识到自己因某件事而被骚扰，因为有些攻击者不会解释为什么就直接开始攻击。即使攻击者的理由不符合事实，被攻击者总是可以解释；如果符合事实，必要的话被攻击者可以道歉，或者可以利用这段时间离开现场。

4. 显然，不要因为与孩子无关的问题而对孩子发火，这是父母的职责所在，但谁真的能够做到这一点呢？不幸的是，在一些家庭中，此类情况甚至比一般的愤怒爆发更严重。在父母能够改变之前，告诉孩子如何避开冲突是很有用的。

5. 不幸的是，这就是2020年初的情况，因为孤立的处境、暴力增加、干预的可能性降低、家庭成员之间疏离，等等。

第十章

1. 显然，面对所有威胁、攻击、不恰当的行为等，我们不能用沟通来解决，应该立刻逃跑或战斗。通常，攻击者甚至不需要采取行动，用吓唬就足以震慑住对方。如何回应街头的骚扰和性别歧视，"鳄鱼项目"（在平台上）以漫画的形式画出了可能发生的情形。

2. 身为男人，我实在想象不出这有多糟糕！这里是根据我的来访者和周围女性的描述记录下来的。

3. 通常，比起父母，孩子更害怕老师，因为家人之间有着更强烈的情感纽带。一些孩子在父母身边比在学校的时候表现更糟糕，却能认真对待学校的惩戒。

4. 这就是为什么反欺凌运动如此成功又如此失败的原因：坏人总是别人。所以大家都同意，没有人会质疑自己。

5. 我们能在她的博客、油管频道和"韧劲者协会"网页上看到对她的工作的描述。我的播客有对她的采访，通过采访的内容我们可以了解她的观点。

结论

1. 我按本书需求所改编的"卡尔曼方法"，他本人最初称为"从欺凌到朋友"（Bullies to Buddies），英语中的文字游戏很难翻成法语，所以直接以法语表达出来就是"从欺凌到朋友"。当然，我们无法和所有人成为朋友，但我们可以表现得友善一些，避开攻击，然后选择自己想亲近的人成为朋友。

渐渐地,对于这个"游戏",我们就会越来越上手,也会发现越来越多的益处。

附录

1. "弱者法则",即最强者需要帮助弱者才能够保证物种的延续。关于这点,有兴趣的读者可以参考马蒂厄·里卡尔(Matthieu Ricard)的《为他者辩护》(Plaidoyer pour l'altruisme)。本书与其他一些书籍一样指出达尔文虽然创建了"适者生存"和"物竞天择"的物种进化概念,这些概念被视为"竞争",但同样也进一步论证了互助是一种进化优势。还有Y.N.阿拉里(Y. N. Harari)在其著作《人类》(Sapiens)中指出,人类之间的合作是各民族相同神话的来源,这些神话团结了如此大的一个群体,互助也解释了我们这个物种为什么不管是在最好的情况还是最坏的情况下都能延续下来。还有更深入讨论这个主题的书,如P.塞尔维涅(P. Servigne)和IG.沙贝尔(G. Chapelle)合著的《互助:丛林另一项法则》(L'Entraide : l'autre loi de la jungle)一书中指出,在人类和自然的演变历史中,或仅在人类历史中,能够在困难的条件下生存下来的不一定是最强壮的,而是最能够互相帮助的生命体。这一点对于我们面对当前的挑战当然都有影响。

2. 当然,从更大范围来看,武装冲突、权力关系和其他灾难也是从人类的文明中衍生出来的,尤其在人类成为土地所有者并努力保护自己的财产不被盗窃或寻求社会发展的时候。但从系统的角度来看,战争、冲突、屠杀、虐待和种族灭绝站在欺凌的对立面,更不用提更广泛的阶级斗争/市场争夺(取决于我们的政治立场)这些运动。冲突是对称性的,每个人都以努力抢占上风;而欺凌是互为排斥的,一个人越占上风,另一个人就越被贬低。

3. 更何况,我们目前正处在完全倒退的阶段,正如反欺凌计划的无效性向我们证明的那样。既然这个计划在学校不是很有效,那么对于整个社会……

4. 即使在这种情况下,让冲突降级,承认另一方有那么想的自由而不是禁止,对我来说也一定更有利!"你没有权利这么对我说话,而你,你有种……"比起"你就这么想骂我?是什么让你这么生气?"这种表达更能让我们赢得关系或争取与对方建立关系。

5. 我们与所爱的人相处时也能用"黄金法则"来解决冲突,这个法则会帮助我们巩固关系而不会弱化关系;即使在开始的时候,对于亲近的人所说的话的第一反应可能比面对陌生人时更难掌握。

资

源

关于这个方法的一些资源

提出这种方法的人是以色列裔美国人伊齐·卡尔曼，他出生在纽约布朗克斯。由于家族的特殊历史以及后来的心理学学习经历，他注意到一些特别的事情。例如，人们的抱怨很多都是关于别人对待他们的方式或别人不理解他们，一般的解决方法经常让原本可以简单解决的问题变得更加严重……

他在成为学校心理医生之后，对传统的心理治疗方式感到失望，于是自己开发了一套方法帮助那些找他咨询该如何面对辱骂的孩子。他使用规划、角色扮演和逻辑规则（如"黄金法则"），不失乐趣地找到了简单地解决复杂问题的方法。他在自己工作的学校里通过工作坊培训学校的工作人员和孩子们。

"科伦拜恩事件"发生以后，反欺凌运动也经过了20多年的实践，我们能够确定的是，美国政府施行的政策行不通，政策推行的结果与所预期的背道而驰。所以，他花时间写作、培训专业人员，传播自己的想法。20多年以来，他在美国各地开研讨会、组织培训。他在美国"今日心理学"网站（Psychology Today）上发表了一些文章，这些文章没有被翻译成法语。此外，他还发明了"坚强些"（Be Strong）这个方法。

布鲁克斯·吉布斯（Brooks Gibbs）是位出色的演讲家，尽管没有卡尔曼那样的资历和临床经验，但他却是卡尔曼最好的学生。他推广训练孩子们去面对攻击的角色扮演游戏，效果更好，因为他在互联网和社交网络上比他的老师更有名。[1]

法语资源：

在法国，只有一小部分人知道这个方法。然而，有一个很新的协会名为AP2S2，由家长和教育工作者组成，旨在帮助孩子们摆脱在学校所遭受的痛苦。他们努力连结一些目标相同的人，那些希望以不同方式看待欺凌行为的人。我们可以在互联网和社交网络上关注他们。

而我自己也开通了油管频道、播客以及其他社交平台，还有其他一些项目正在筹备中。正如人们所说的，敬请期待。

关于其他方法的一些资源

如果您希望获取关于"传统"方法的信息，奥尔维斯的一些书已经被翻译成法语，现有关于这个问题的大多数书籍基本都是依照他的思想写成的。

为了研究，我分享以下这些关于奥尔维斯方法在学校的

---

[1] 虽然他很少引用卡尔曼的话，也很少把卡尔曼当作"导师"，但从他在卡尔曼那里"借用"的所有内容来看，要叫卡尔曼"导师"根本不算什么。似乎正是那些"借用"让他们两人的关系变得疏远。由于他的知名度和演讲天赋，您在互联网上能更多地听到他的消息，但卡尔曼才是这一切知识的源头。吉布斯本人拥有像克里斯·舍费尔（Chris Scheufele）和杰夫·维利（Jeff Veley）这样的跟随者，这两个人在网络上也非常活跃，并且有差不多的"形象"：年轻、很好的沟通者，但不像卡尔曼那样——同时拥有理论基础和临床经验。

有效性研究的参考资料：

● 在《全校反欺凌计划的有效性：评估研究的综合报告》

[*The effectiveness of whole-school antibullying programs: a synthesis of evaluation research*,

School Psychology Review, 33(4), pp. 547-560.] 这个元分析（统计方法）中，有

效性是14%。

● 有效性最高的是20%，而且只出现在《减少校园欺凌

计划的有效性》（Ttofi et al.(2008), *Effectiveness of programmes to reduce school*

bullying, © Springer Science+Business Media B.V. 2010, Swedish National Council for

Crime Prevention.）这份文献中。

● 在《校园欺凌干预计划的效果如何？干预研究的元

分析》（Merrell et al. (2008), *How effective are school bullying intervention programs? A*

meta-analysis of intervention research, School Psychology Quarterly, 23(1), pp. 26-42.）这

份文献中，该方法几乎完全无效。

●《全州欺凌预防计划的实施：现场初步调查结果和联

盟的重要性》（Schroeder et al.(2011), *The Implementation of a Statewide Bullying*

Prevention Program: Preliminary Findings From the Field and the Importance of Coalitions,

Health Promotion Practice, vol. 13, n°4. p.489-495.）是针对五万名学生进行

调查后的重要研究，得到的数据是12%。

●《美国城市学校系统中奥尔维斯欺凌预防计划的评估》

（Farrell et al. (2018), *Evaluation of the Olweus Bully Prevention Program in an Urban School*

System in the USA, Prevention Science, 19.）这份文献指出效果非常有限，

且只在学校里有效。

"对老师'而不是学生'来说有正面效果。"

● 以下调查研究《学校同学受害和欺凌预防的多层次

检查》(Jeong & Lee (2013), *A multilevel examination of peer victimization and bullying preventions in schools*, Journal of Criminology, vol. 2013.) 显示，欺凌预防计划甚至会使情况变得更糟。

"令人惊讶的是，欺凌预防计划对于同学之间的关系产生了负面影响。与我们的预期相反：对比没有实施此计划的学校，设立此项目的学校的学生更可能成为受害者。"

◉ 美国心理学会的一篇文章《零容忍政策在学校是否有效：证据审查和建议》(Skiba et al., *Are Zero Tolerance Policies Effective in the Schools: An Evidentiary Review and Recommendations*, American Psychological Association, déc. 2008, p. 63.) 甚至彻底否定了在学校推行的"零容忍"政策。

引用作者的话："尽管这些政策实施了20年，但它们还是失败了。几乎没有证据支持'零容忍'政策可以改善学校的纪律。(……) 尽管开除可能带来破坏的孩子会让留在学校里的学生过得更好，严厉惩罚学生可能改善被罚学生或其他目睹惩罚的学生的行为举止，但现有证据显示，其结果事与愿违。没有证据证明'零容忍'政策能够改善学校的氛围，保证学生的安全。停学和开除的做法无法有效改善学生的行为。问题并未被解决，甚至可能升级，被学校制裁的这一小批人反而被过度曝光。'零容忍'政策似乎与我们所知的关于儿童发展的所有理论背道而驰。"

关于"共同关注"(préoccupation partagée)，我们可以通过《校园欺凌：说服，是可能的》(*Harcèlement scolaire: le vaincre, c'est possible*) 一书和他们的网站详细了解。

最新出版的一本书《学校的伤痕》(*Les Blessures de l'école*) 非常有意思，该书结合了本书的方法和帕洛·阿尔托 (Palo Alto) 方法。

关于针对校园欺凌的帕洛·阿尔托方法，经常被引用的参考文献是埃马纽埃尔·皮盖 (Emmanuelle Piquet) 的书。埃马纽埃尔·皮盖是一位才华横溢、充满创意的心理治疗师，她写的书让她成为帕洛·阿尔托方法的代表人物。帕洛·阿尔托方法看重被欺凌的孩子，认为让受害者被动等待帮助或等着欺凌者被举报这种做法适得其反。当然，读过本书第一章的读者可以推测出帕洛·阿尔托方法在我看来非常接近"反击的尝试"——对此，我保留部分意见。但她关于这个主题的书非常值得一读，充分展现出她作为治疗师的天赋以及她对于学校课间操场上动态的了解。

此外，我觉得弗洛朗斯·米约 (Florence Millot) 的《在操场上，我不让别人随意对待我》(*J'me laisse pas faire dans la cour de récré*) 也非常值得一读，书中以有趣的方式说明了管理学生的攻击性是一门艺术。

卡特琳·多尔托 (Catherine Dolto) 医生写的《被欺凌者，欺凌者》(*Harcelés, harceleurs*) 是一本给孩子看的图画书。她可能是少数认为所有人都具有攻击性的作者之一，她不认为肇事者天生邪恶，受害者无能为力或必须以攻击性回应，她甚至觉得如果欺凌者和被欺凌者之间的关系发生改变，就可以成为朋友。

我还读过很多其他书，尽管没有读遍这个主题的所有书籍——这是不可能的；但看起来，在现有的法语书籍中，很少有与"黄金法则"兼容的书籍。我们做一个有趣的游戏：当您读到关于这个主题的一些书时，可以问问自己，既然已经知道了游戏的规则，使用书中的这些做法能否得到相同的结果。

从这个主题延伸出去

马歇尔·卢森堡的书《非暴力沟通》是了解非暴力沟通（NVC）非常重要的一本参考书。非暴力沟通是一种管理关系、冲突、情绪和需求的方法。他还写了两本如何在学校应用非暴力沟通的书：《以爱养育我们的孩子》（*Élever nos enfants avec bienveillance*）和《迎向为生活服务的教育》（*Vers une éducation au service de la vie*）。

既然说到教育，我推荐我的朋友、记者和散文家贝亚特丽斯·卡姆雷（Béatrice Kammerer）写的书《真正的正面教育》（*L'Éducation vraiment positive*）。在这本书中，她试着找到关于正面教育的许多观点之间的平衡点。她强调正面教育的优点，也指出偏差、过犹不及、模棱两可的观点或教条。她的书非常有激励性，有助于减少做父母的负疚感，鼓励读者选择自己的教育方式，而不是按照现成的流程去做！

我们提到了孩子的情绪，关于这个主题的书籍实在太多了，但没有哪本书比皮特·多克特（Pete Docter）和罗尼·德尔·卡门（Ronnie del Carmen）的电影《头脑特工队》（*Inside Out*）更适合与孩子们一起观看和讨论。

我们也可以参考艾利森·高普尼克 (Alison Gopnik) 的《宝宝也是哲学家》(*Le Bébé philosophe*)。本书以优美的语言描述了童年、游戏和想象力在构建身份、培养同理心、建立依恋关系、认识情感和探索世界过程中的作用。

关于安全依恋关系，我们可以参考约翰·鲍尔比 (J. Bowlby) 的著作，或唐纳德·温尼科特 (D. Winnicott) 的主要著作《足够好的母亲》(*La Mère suffisamment bonne*)，也可以参考线上的《人文科学》期刊，该期刊已制作了一份关于依恋关系和许多其他主题的合辑。了解一些概念的大致内容，期刊比书本更简单，也更便宜。

我们也提到了心理韧性，通过鲍里斯·希鲁尔尼克 (Boris Cyrulnik) 的著作《美妙的不幸》(*Un merveilleux malheur*)，或《救救你自己，生活在呼唤你》(*Sauve-toi, la vie t'appelle*)，我们能更好地学习这个概念。

记者、散文家卡洛琳·弗雷斯特 (Caroline Fourest) 在其优秀的作品《被冒犯的世代》(*Génération of fensée*) 中思考的是更广泛的社会性问题：人们希望禁止在一些人看来具有冒犯性的言论，作者就此在思想、言论和相异性的限制上进行了讨论。本书的许多观点非常有意思，认为自己是受害者，这一点非常致命，我们需要直面困扰我们的东西而不是找个理由逃避；我们已经丢失了区分冒犯程度 (话语攻击/身体攻击) 的标准；如果从"身份"角度保护一个人，使其免受冒犯，那将带来什么？当我们自认为在用话语捍卫一些权利 (反种族主义) 时，那样的言论其实更容易让我们觉得自己是受害者，这不但没什么建设性，还让对手更高兴。这些观点充满智慧，虽然让人不安，但也带来希望，因为它们恢复了理性、批判的地位，普遍让所有人都拥有为自己做决定的可能性。

吉恩·夏普（Gene Sharp）是一位美国政治学家、非暴力斗争的专家。我们可以读一读他的短文《非暴力的力量》(*La Force sans la violence*)。文中介绍了他的代表观点：确实存在可行性很高的非暴力抵抗方式反抗压迫，甚至"独裁者"；一个民族可以以非暴力的方式站立起来并获得胜利，但只有依靠精心设计的战略才能成功。如果您希望了解更多，可以阅读他较长的文章《从独裁到民主》(*De la dictature à la démocratie*) 或《非暴力抗争》(*La Lutte non-violente*)。

附录中有"自我催眠"的概念。我出版过一本关于催眠的书《催眠：真的有用吗？》(*L'hypnose: ça marche vraiment ?*)。在这本书中，您可以了解更多关于催眠的知识。您也可以通过安托万·加尼尔（Antoine Garnier）的《自我催眠》(*Autohypnose*) 或E.勒拉尔热（E. Lelarge）和I. 普雷沃–斯提梅克（I. Prévot-Stimec）博士的《以自我催眠照顾自己》(*Prendre soin de soi par l'auto-hypnose*) 了解自我催眠。当然，这些书更适合成年人阅读。

我们也可以接受克拉里斯·加尔代 (Clarisse Gardet) 的邀请，通过阅读《与孩子一起冥想》(*Méditer avec les enfants*) 中充满善意、欢乐而简洁的文字，跟孩子一起自我察觉，驯服情绪。

既然讲到了游戏

我非常乐意使用"击攻击"(TAkAttAk) 及其衍生游戏，还有如此害怕出版社[①](Si-Trouille) 的其他一些游戏。这些游戏教我们学习如何一针见血地回应、巧妙地回答，以平静的方式忍耐并以有趣的方式回应别人的攻击。您可以按照游戏规则来玩，也可以挑战自己只用"黄金法则"去应对攻击。

同样，我也很喜欢语言游戏和有权失败出版社 (Le Droit de Perdre) 其他一些训练应答的游戏，尤其是标签游戏 (Taggle) 和此游戏的低幼版"你的嘴巴"(Ta bcouhe)。

我保证你们会大笑不止！

---

① 这个出版社的名字是个谐音梗，法语的南瓜Citrouille与Si-trouille发音一样。——译者注

图书在版编目（CIP）数据

破解欺凌的游戏 / （法）菲利普·阿伊姆著 ； 郑园
园译. -- 杭州 ： 浙江教育出版社，2024. 8（2024. 12 重印）.
-- ISBN 978-7-5722-8263-8

Ⅰ. G474

中国国家版本馆 CIP 数据核字第 2024ZG5021 号

Originally published in France as:
Harcèlement scolaire. Le guide pratique pour aider nos enfants by Philippe Aïm
© Editions Plon 2020
Current Chinese translation rights arranged through Divas International, Paris
巴黎迪法国际版权代理(www.divas-books.com)

引进版图书合同登记号　浙江省版权局图字：11-2024-109

破解欺凌的游戏
POJIE QILING DE YOUXI

[法]菲利普·阿伊姆　著　郑园园　译

总 策 划　李 娟		**执行编辑**　万 芳　张雪子	
责任编辑　王晨儿		**美术编辑**　韩 波	
责任校对　王方家		**装帧设计**　潘振宇	
责任印务　曹雨辰		**封面插画**　芊 祎	

出版发行	浙江教育出版社（杭州市环城北路 177 号）
印　　刷	北京盛通印刷股份有限公司
开　　本	787mm×1092mm　　1/32
印　　张	11.375
字　　数	175 000
版　　次	2024 年 8 月第 1 版
印　　次	2024 年 12 月第 4 次印刷
标准书号	ISBN 978-7-5722-8263-8
定　　价	68.00 元

如发现印、装质量问题，请与印刷厂联系调换。联系电话：13691400818

人啊，认识你自己！